بنیادی راہبان جوړول

یوه کتابچہ ددے د پاره چہ پہ ورکوټی
مقدارکښې ټولګی جوړکړی ، کور کښې
چرچ جوړ کړی اولنډ مقدار چکراو د
چرچونوزیاتولو تحریک تیزکړی-

Making Radical Disciples

A training manual to facilitate training disciples in house churches, small groups, and discipleship groups, leading towards a church-planting movement.

By Daniel B. Lancaster, Ph.D.

Published by:

T4T Press

First Printing, 2011

All rights reserved. No part of this book may be reproduced or transmitted in any form or by any means, electronic or mechanical, including photocopying, recording or by any information storage and retrieval system, without written permission from the author, except for the inclusion of brief quotations in a review.

Copyright 2011 by Daniel B. Lancaster

ISBN 978-1-938920-24-0 printed

All scripture quotations, unless otherwise indicated, are taken from the HOLY BIBLE, NEW INTERNATIONAL VERSION®, NIV® copyright © 1973, 1978, 1984 by International Bible Society. Used by permission of Zondervan. All rights reserved.

Scripture quotations marked (NLT) are from the Holy Bible, New Living Translation, Copyright © 1996, 2004,used by permission of Tyndale House Publishers, Inc., Wheaton, Illinois, 60189. All rights reserved.

Scripture quotations marked (NASB) are from the NEW AMERICAN STANDARD BIBLE ®, Copyright © 1960, 1962, 1963, 1968, 1971, 1972, 1973, 1975, 1977, 1995 by The Lockman Foundation. All rights reserved.

Scripture quotations marked (HCSB) are from the Holman Christian Standard Bible ® Copyright © 2003, 2002, 2000, 1999 by Holman Bible Publishers. All rights reserved.

Scriptures quotations marked (CEV) are from the Contemporary English Version Copyright © 1995 by American Bible Society. Used by permission.

Library of Congress Cataloging-in-Publication Data

Lancaster, Daniel B.

Making Radical Disciples: A training manual to facilitate training disciples in house churches, small groups, and discipleship groups, leading towards a church-planting movement. / Daniel B. Lancaster.

Includes bibliographical references.

ISBN 978-1-938920-24-0

1. Follow Jesus Training: Basic Discipleship–United States.

I. Title.

تجاویز

د چرچ زیاتولو او تجربه زده کو ولو دپاره همیشه دیو کتاب ضرورت وی - د یسوع پیروی تربیت هم داسے یوه سلسله ده – دا تا ته آسانه وی چه خلقوته به د یسوع تعلیم ښه رساوی- دا کتاب یوتجربه کونکی لیکلے دے - تاسو د پاره به ډیره فایده منده وی چه دا کتاب او ګوري او زده یے کړے-

رائے جے فش
پروفیسر امریټس
ساؤتھ باپټسټ تھیو لوجیکل سمینری

تا سوځه عملی خیز ګو رے چه څده کونکی راہبان به ښه جو ړوی او یقین والا په ہر کولتور کنے - هغه دادے -

درے ۳ و رازے « رہبانیت تربیت رساله « دا ډیره آسانه رساله ده نوو راہبانودپاره چه نوروله تربیت ور کړی او د یسوع دا احکاماتوسره مینه او کړی سره ډیره تجربه ده - ځه عملی تجربه وه او هغوی دے هغه څه څده کړی

ګلین کرره
پال تیموتھے ترینرس اتینرانټ کونسلتانټ
www.Paul-Timothy.net

د رہبانیت دا مواد یو آسان او سادہ نوی ځدہ کونکو تہ ادارہ خالي چہ څنگہ بہ بنیادی عقیدہ ځدہ کوے او پخہ وےاو نور و تہ بہ یے څنگہ وایے-

کلیډ ډ . میډور
ا یگزکٹیووائس پریزیډنټ
انټرناشیونل مشن بورډ ,SBC

ما دا مواد پہ سلونو کسانو تہ خود لی دی کوم چہ دلتہ پہ امریکہ کښې دی - او ماتہ ہم دا دوہ ځوابونہ میلاؤ شوی دی - دا خو ډیر آسان دے کاش ما ځو کا لہ محکے دا پڑھا د کړے وے -پہ دے رسالہ کینے چہ کوم ځہ دی ھغہ اثر کونکی او عملی دی د راہبانو دپارہ کوم چہ اوستہ نوررراہبان جوړوی - د اتول خلق او گوري-

رائے مک کلنگ
مشنری / کونسلټانټ
www.MaximizeMyMinistry.com

دا د ټولے CPM دنیا دپارہ ہدایات دی - دایو سادہ لار دہ چہ خپلے رہبانی زند گی بہ څنگہ آسانے پہ دے کے عملی اوخالیستہ منبرے دی -

کرټس سرجنټ
وائس پریزیډنټ فارگلوبل سټریټیجیز
E3پارټنرمنسټری
www.e3partners.org

د یسوع پیروی تربیت یو داسے کتاب دے (بنیادی راہبان جوړکړے)
چہ پہ ټولہ دنیا کینے یقین والا کسان پہ یسوع باندے خپل بنیادی یقین جو ړو لے شي- دا ځدہ کونکو تہ خالي چہ د زړہ نہ ، ذھن نہ روح نہ او

پوره طاقت سره خدے سره مينه اوکړے دا نوی ځده کونکو ته او زاړو مګرو ته خالي چه يو بل ته ادويے چه خدے سره به مينه کوے -

د ړو مى ور ځے نه دا ځده کونکو ته ختميدونکى دنيا پاره کينے والي - تربيت کونکى تربيت ورکوى چه څه هغوى ځده کړى وى او د يسوع په رنړا سره تيا رے ختموى- دا عملى دے دوستانه دے ، انجيل په شان دے -

ګيرالډ ډبليو برچ
مشنرى امريټس
انټرناشيونل مشن بورډ ,SBC

ډين لان کستريوه ساده ، د انجيل نه ډکه طريقه را وستى ده چه څنګه به بنيادى کسان جو ړے چه د يسوع پيروى او کړى- تا سو څه شے ګورى- اته تصويران استعمالوى چه په خدے يقين زيات کړے شى - دا اصول باندے تجربے شوى دى او ستاسو به په کار راشى -

کين هم فل
ناشيونل ستريتيجسټ فارامپاورنګ کنګډم ګروته
آتهر، سپيکر، ګروته کونسلټانټ، اينډ
پروفيسر آف ايوان ګيلزم اينډ چرچ ګروت

ما اوس اوس په فلپاين کينے دا کتاب استعمال کړو او ډير کا ريے و کړو- ما د خپلو مګرو نه تپوس اوکړو چه هغوى دا ولے دو سره خوخ کړو هغوى اويل چه مونګ چا نه څه ادا خايو هغوى يے محکے هم خود لے شى - دا په دے سبق کينے غټه منبره ده - دا فائده مند دے — مونګه وکيلان، ډاکټران، فوجيان، کونډے اوڅو کيدادان ليدلى دى چه کتاب ګورى او خلقوته يے هم خايى-

ډيرل سيل
مشنرى ان دا فلپين

په بیکاره او ترقی یافته دواره علاقو کینے ما چرچ جوړکړل - ددیرش ۳۰ کالونونه په تهائی لینډ کینے - ما کله کله لیدلی دی بیکاره چرچونه کوم چه پخپله کار نه کوی او په بهرنه را تلو وال باندے یقین ساتی- دا حالت ځکه راغلے چه کوم چا چرچ جوړ کړو نو هغه پکینے د مغرب په طرز تعلیم شروع کړو کوم چه دلته قوم پرستو ته قبول نه دے - په دے کینے لګو شان چرچو نه ځان او ساتو نور ختم شو - دا دتربیت رساله مونګ ته دا منبره خالی چه منبره به دیو یقین والا نه بل ته د سی او د ا ډېره آسان او فایده منده ده -

جیک کنی سن
مشنری امریټس
انټرناشیونل مشن بورډ ,SBC

یسوع اویل چه څوک هم دهغه راهب جوړیدل نحوا ړی هغه په خپل ځان هیراوی او صلیب به اصلی او دهغه پیروی به کوی دیو استاد ، پلار ، ګیدیه په توګه،ډین لان کستر ته د رهبانیت د ضروریاتواو بنیادی سیزونو پته ده - دا تربیت ډیر اهم دے اور ضروری د کلی نه واخله جا معے پورے -

راہبان جو ړول یو عالمی کار دے او دے دپاره دهرئی دپاره یو آسانه طریقه را وستی ده -آسانه او مضبوط تربیت د راهبانو تربیت کینے خوند پیدا کوی او آسانه وی یے- د یسوع پیروی تربیت کینے هرڅه شته دے- عملی ، ساده او خوراولګے -

بوب بټلر
کنټری ډائیریکټرکوآپریټیوسروسز انټرناشیونل
فنوم پنه، کنګډم آف کمبوډیا

تجاویز

ډین لان کسترنه صرف د تلیماتو مطالعه کړے بلکه د کلثور مطالعه په هم شته - هغه مونګ ته یوه آسانه طریقه خورلے چه د یسوع تابعداری او کړو اود نورو مدد او کړوچه په خدے به یقین څنګه مضبوط وے - دا طریقه چه په کور کینے چرچ جوړکړے او راهبان هم - څما دا طریقه ډیره حفاخه ده او دا دعا کو وه چه دے مسره به چرچونه نور هم زیات شی او دا طریقه به په روایتی چرچ کینے هم استعمال شی به شمالی امریکه کینے-

تیډالمور
پریئرستریتیجست اینډ فیلډ منستری ستریتیجست
ساؤدرن بپتستس آف تیکساس کنونشن

محتويات

تجاويز	3
وړومبي ټکي	11
مننه	13
تعارف	15

برخه ۱: اساسي اقدامات

د يسوع منصوبه	21
تربيت ورکونکو ته تربيت ورکول	29
ساده عبادت	35

برخه ۲: روزنه

پخير راغلې	41
ضرب	49
محبت	61
دعا	73
فرمان برداري کوې	87
ټګ	103
ځه	115
خلقوته اووايې	125
کرونده	137
راواخلئ	149

برخه ۳: حواله

نوره مطالعه	159
پای نوټس	161
اپینډکس اې (اضافه اې)	163
اپینډکس بي (اضافه بي)	165
اپینډکس سي (اضافه سي)	175
نوروسایل	179

وړومبې ټکي

"او وښايه دوي ته چې هر هغه څه وکړي
چې ما درته حکم کړې دی....."

دا اخري ټکي غټ کميشن ته ، چې عيسی يې ۲۰۰۰ کاله وړاندې حکم کړې وو ورته اوس هم نن زمونږ. دپاره هغه شان اهم او غوښتونکي دي. د دې مطلب څه دې چې هر هغه څه وکړئ چې عيسی يې حکم کړې دې.؟ پادری جان مونږ. ته وايې چې که چرته مونږ. هر هغه څه چې عيسی ويلي او کړي يې دي، ليکلو دپاره کينو نو دا به د دنيا ټول کتابونه ډک کړي (جان ۲۱:۲۵). يقيناً د عيسی ذهن کښې څه نور جامع څه وو.د ايف جی ټی تربيت وړومبې برخه چې سر ليک يې دی :بنيادي مريدان جوړول: ډان لينکسټرد انجيل نه د عيسی هغه اته (۸) تصويران ويستي دي چې کله هغې سره همسری اوکړی شي نو هغه به د عيسی پيروکار د عيسی په شان مريد ته بدل کړي.

په *بنيادي مريدان جوړول* کښې ډين په مريدئ باندې د بل کتاب ليکلو په ځاې د دی اوچت مقصد نظر کښې ساتلي دې.ډين په مريدئ زياتولو تحريک باندې نظر ساتلي دې.د دی سره پوری هغه په لاسو کار، ټيسټ کول،تجربه کول او بيا واپس کول د مريدئ پروګرام، په څلورو کالو کښې کوو. تر دې چې هغه اوليده نه يواځې دا د پيروکارو نه د عيسی په شان مريدان جوړوي بلکه هغو د دی قابل کړي چې نور د ځان په شان مريدان جوړ کړي.

د مريدئ د دی نظام وضع کولو نه پس، ډين ټول عيسی ټولنې ته يو خدمت اوکړه چې دا سبقونه يې د خلقو دپاره اسان کړل، او قابل تقليد شکل ته يې واړول چې د دنيا هر يو کلتور ته اړولې شي. بنيادي

مريدان جوړول يو ډير روانه مرسته ده د عيسی په شان جوړيدل او د عيسی سلطنت په نورو مريدانو سره په زياتول په ټوله دنيا کښې.

په داسې عمر کښې مريدان جوړول چې بيخي د دنيا په لارو کښې نيغ وي څه اسان کار نه دی خو نـاممکن او نـا خوښي هم نه دی.کله چې ته د ډين لينکستر بنيادي :مريدان جوړول: ته ورکوز شی نو تا ته به يو ملګری مريد ملاو شی چې هغه به تا ته يو ټيسټ شوی او ثابت شوی لاره مخکښې ښودلې شي.

ډيوډ ګيريسن
چينګ ماي، تهای لينډ
ليکوال _ چرچ پلانټ کول تحريکونه : هاو ګاډ از ريډيمنګ آ لاسټ ورلډ

مننه

د امریکي هغه دری (۳) چرچونو مننه چرته چې ایف جي تي پیروی پنځه لس (۵۱) کاله مخکښې شروع شوه.کاموینټي بایبل چرچ،هملټن، ټیکساس (یو کلیوال چرچ پلانټ)، نیو کووینټ بپتست چرچ، مندر،ټیکساس (مریدئ باندې جوړ) او هاې لینډ فیلوشپ،لیوس ویلي،ټیکساس (یو قصباتي چرچ پلانټ). د کلونو نه مونږ وینو چې ایف جي تي د څلورو (۴) نه اواؤ (۷) ته او بیا اخري اته (۸) د عیسی تصویرانو ته لاړ.مونږ ډیر څه خپلو کښې شریک کړل.او ستا مینې او دعاګانو د قام دپاره خوړه نتیجه راوړه.

په بین الاقوامي سطح د ایف جي تي ښه کولو او ترسره کولو کښې څو د جنوب مشرقي ملکونه قامي حصه دارو مرسته وکړه.په دغه ملکونو کښې د حفاظت او خیال ساتلو د مسلو د وجې زه د هغو نومونه نشم اغستلي.په خصوصي توګه د دری (۳) قامي ملګرو یو ګروپ د تربیت ټیسټ او تربیت جاری ساتلو .کښې چې د پیروکارو راوران نسل نورو له تربیت ورکړي

مرسته اوکړه.د تربیت څو شرکت کونکو نه مننه چې هغو د خپلو دعاګانو مرسته، واپسي تعاون او حوصله افزاي راکړله، په جنوبي مشرقي ایشیا کښې په څلور کاله ترقئ کښې. تاسو مرسته اوکړه چې تربیت په ښه مفیدو طریقو سره وړاندې بوځو.

په مونږ کښې هر یو کس د مشفق ناصحانو او ژوند تجربو نتیجه ده.زه غواړم چې مننه وکړم د ډاکټر روني کیپس، ډاکټر روې جي پش، کریګ ګیریسن، ډاکټر ډیوډ ګیریسن، ډاکټر ایلون میکین، ډایلان رومو، او ډاکټر تام اولف چې دوي د عیسی د پیروکاری اثر زما په ژوند کښې راوستلو کښې مرسته اوکړه.

خصوصي مننه کوم د ډاکټر جارج پيټرسن او ګيلن کره په دی تربيت کښي يې ډير ښه د زده کړی هدايات راکړل.

اخره کښي زه د خپل کور والا ډيره مننه کوم چې زما مرسته او حوصله افزاي يې وکړه. زما بچي جيف، زيک، کاريس، او زين چې د ايمان ، اميد او مينې ذخيرې وی.

هولي،زما کور والا ډيره غټ کار يې اوکړو چې دا کتاب يې څو ځل اوکتلو او مشورې يې راکړې.هغې چې کومو سيمينارو کښې راهنماې کړې وه د هغې نه پکښې ښه خيالات راوړل او تيرو پنځه لس (۵۱) کالو کښې چې کومې نظرياتې د لاسه وتې وې هغه يې راوړې.

خداې دې تاسو ټول خوشحاله کړي. مونږ وړاندې ځو چې د قام د خوشحالئ دپاره جذباتي روحاني مشران رامخته کړو.

ډينيل بی.لانکسټر،پی ايچ ډی
جنوب مشرقي ايشيا

تعارف

د ایف جي تي وړومبي برخي *مریدان جوړول* ته هر کلي.خدای دي تا خوشحاله کړي چي ته د هغه د څوي (UPG) پیروي کوې.ستا د مریدي خواږه دې نور هم سیوا شي څنګه چي ته ورو ورو په خپل یو پی جي کښي وړاندې ځې.

کوم درسي کتاب چي ستا په لاس کښي دې دا په هغه ټول تربیت مشتمل دې د کومي بنیاد چي د عیسی په هغه طریقه کار وو چي ټولي دنیا ته ورسي.دا په شمالي امریکه او په جنوب مشرقي ایشیا د کلونو د ریسرچ او ټیسټونو نتیجه ده. دا سسټم نظریه نه بلکه عمل دې.دا استعمال که چي ښکاره فرق راولي په دنیا کښي ځکه چي ته خو خدای سره په مشن یې. مونږ لرو او ته هم شې.

په امریکه کښي یو کلیوال او قصباتي چرچ شروع کولو نه پس زمونږ خاندان ته د جنوب مشرقي ایشیا نه د مشرانو د تربیت او ښودني دپاره بلنه راغله. ما د لسو کالو نه زیات په امریکه کښي چرچونه لګول او نور چرچ جوړونکي مي هم تربیت کول.دا څومره ګرانه به وي چي د سمندر نه واوړې او هم دغه کار هلته کوې.؟ زمونږ خاندان د دې مشن دپاره په غټو امیدونو سره لاړل.

د ژبي په زده کړه کښي ما د یو قامي اندیوال سره نور خلق تربیت کول شروع کړل.مونږ د :بنیادي مریدئ: او :چرچ جوړول: باندې د یوی هفتي کورس نه خپل کار شروع کړو.عام طور به دیرش (۳۰) یا څلویښت (۴۰) طلباء راتلل تربیت له.هغو به اکثر په ښو سبقونو او ښه ښودلو باندې تبصره کوله. البته یو څیز زه تنګولم. دا ښکاره ده چي هغو هغه څه نورو ته نه ښودل کوم چي هغوزده کړي وو.

اوس په امریکه کښې ته کولې شي چې :لرې شې د نه ښودلو والا:
نه چې دلته زمونږ د کلتور په مینځ کښې د انجیل پوهه شته (یا وه)
حتې چې په مړو خلقو کښې. البته په جنوبې مشرقې ایشیا کښې په
مړو خلقو کښې د انجیل پوهه نشته.په امریکه کښې دا حقیقت قبلولې
شي چې دا کس به غالباً د نورو عیسایانو سره مخامخ شې چې هغو
به پرې اثر وکړې خو په مشن کښې د داسې څه ګارنټی نشته.

ښه نو دلته مونږ په حیرانتیا کښې یو.مونږه دغه ملک والا ته هغه څه
وښودل چې مونږ ته ښه ښکاریدل خو هغوی نقل نشو کولې.حقیقت
کښې ښکاریده لکه چې مونږه :ماهر سیمینار ته تلونکې: راکاړو.
جقیقت چې مونږ د یوې هفتې کورس پورې خوراک ورکوو په داسې
ملک کښې چې غربت راګیر کړې وو، نتیجې یې ختو کښې اومګلې.
مخکښې چې څه وشو هغې زه حیران او عاجز کړم.

د یوې تربیت واقعې نه پس زه د چاې په یو دوکان کښې کیناستم د
خپل ترجمان سره او یو ساده تپوس مې ترې اوکړو.

"جان څومره تربیت چې مونږ دا هفته اوکړوستا څه خیال دې
چې دا خلق به هم دغه هومره اوکړې او نور به تربیت کړې
چې هغو داسې اوکړې؟"

جان په دې باندې لږ سوچ اوکړو او زه دا ویلې شم چې هغه دا نه
غوښتل چې ماته جواب راکړې. د هغه په کلتور کښې یو شاګرد
به په استاد تنقید نه کوې اوهغه محسوس کړل چې ګڼې زه هغه ته
د داسې کولو وایم.د لږ نورو خبرو او یقیل دهانئ نه پس هغه ماته
جواب راکړو چې هغې هر څه بدل کړل.

"ډاکټر ډان! زما په خیال دوې به لس۱۰فیصد ایله هغه اوکړې
کوم چې تا تیره هفته اوښودل"

زه ډیر پریشان شوم او کوشش مې اوکړو چې ظاهر نه شي. بلکه
ما د جان نه بل تپوس اوکړو چې داسې عمل وو چې مونږ به یې
راروان دوه کالو پورې کوو.

”جان آیا نه ماته شي هغه لس فیصده چې هغو به یې کوي یا کوی یې .؟ زما منصوبه دا ده چې زه دغه لس فیصده جدا کړم د نورو نه او تربیت بیا اولیکم تر دې چې هر هغه څه اوکړي کوم چې مونږ تربیت ورکوو“.

جان ماته هغه لس فیصده اوښودل چې د هغه یقین وو چې دوي به پوره کوي. مونږ نور لری کړل او د بل ملاقات دپاره مو تربیت بیا اولیکلو. یوه میاشت بیا مونږ د یوې هفتې کورس آفر کړو او د جان نه مې وروستو بیا هم هغه تپوس اوکړو. :څومره فیصده به دوي اوکړي؟:

جان ”ډاکټر ډان زما پوره بقین دې چې دوی به پنځه لس ۵۱هغه څه وکړي چې تاسو ورته اوښودل دا ځل“

زه چپ ووم. جان ته دا پته نه وه چې ما تیری میاشتې نه دا تربیت بیا لیکلې دی او هر څه مې پکښې د :ښه نه ښه: کړي دي. په امریکه کښې، او نورو چرچ جوړونکو ته تربیت ورکولو کښې ما د غیر مقلد پادري زد کړه کړي ده. سیمینار خو بیخي ښه وو چې ما ورکول خو زده کونکو صرف پنځه لس ۵۱ فی صد کول.

دی هغه عمل شروع کړو کوم چې مونږ دوه نیم کاله استعمال کړو. ایف جی ټی ښه کول او په مخکښې بوتلل.هره میاشت مونږه د یوی هفتې سیمینار ښودلو او د سیمینار پوره کیدلو نه پس نه د :واپسئ مرستې: سیشن کیدلو.یو سوال زمونږ د کوشش راهنماي کوله. :مونږ چې اوښودل دوي ته هغې څومره فیصده به دوي کوي (یا کوي) د تربیت په وجه؟

په دریمه میاشت کښې دا شل فیصده شو او په ورپسې میاشت کښې دا پنځه ویشت ۵۲ فی صده شو. یو څو میاشتې مونږه د سره ترقي ونه کړه. بیا نورې میاشتې مونږه مخکښې لاړو. د مخکښې تلو په دوران کښې یو اصول رامخې ته شو.چې څومره ډیر مونږ تربیت کوو چې د عیسې پیروی وکړي هم دومره ډیر دوي نور تربیت کوي چې داسې اوکړي.

ماته اوس هم هغه ورځ یاده ده چې جان او نورو ملګرو ماته اوویل چې خلق اوس لس کم سل ۰۹ فی صده هغه څه کوي چې مونږ ورته ښودلي دي.مونږ ډیر مخکښې خپل مغربي طریقي ، ایشیای طریقی، خپل پې ایچ ډی تربیت، خپله تجربه پریخی وو او دا مو زده کړی وه چې یواځی په هغه طریقه اعتبار اوکړه کوم چې مونږ ته عیسی پریخي ده.

دا د ایف جي تې د جوړیدو قصه ده. *بنیادي مریدان جوړول*:
د لاسو د کار نظام دې کوم چې پیروکار ته پنځه پوړئ ښاي، د عیسی د منصوبې چې هغه قومونو ته ورسي کوم چې په انجیل، د عمل کتاب، د انجیل په حصه او چرچ تاریخ کښې وو.د تربیت د سفر مقصد معلومات نه بلکه نورو ته منتقل کول دي.د دې وجې نه سبقونه د اهم روحاني ربنتیاوو :څرې: دی. مطلب مخکښې بیا پیدا شي. دا روحاني اصول چې :لږه شان خمیره ټول ډهیر خمیره کوي: پیروي کوي او پیروکار مضبوطوي چې د عیسی نقل کونکي او جذباتي پیروکار جوړ شي.

په دې کتاب کښې چې څه دې هغه هم هغه شان وښایه بدلوه يې مه (صرف تربیت د هغه ځاې مطابق کوه چې چرته ته کار کوی.)
کم از کم پنځه ځله. تصور کړه چې تربیت والا ملګري ستا سره روان دي او په وړومبې پنځه ځل تربیت کښې ستا راهنماې کوي.
:بنیادي مشران جوړول: ډیر اعلی تیز کارکن لري کوم چې تر هغه وخته واضح نه کوي څو چې تا په قدم قدم نورو له تربیت نه وي ورکړی.د نن ورځی پوری مونږه په دې مواد په زرګونو خلق (پیروکار او غیر پیروکار) تربیت کړي دي هم په جنوبي مشرقي ایشیا کښې او هم په امریکه کښی. دې تجویز پیروکاري وکړه چې هغه غلطی اونه کړی کومې چې نورو کړې دي. یاد ساته! یو ښه سړی د خپلو غلطو نه زدکړه کوي خو یو هوښیار سړی د نورو د غلطو نه زدکړه کوي.

ښنګه چې ته شروع کوی مونږ تاته اووایو چې ایف جي تي مونږ هغه هومره بدل کړي یو څومره چې دا هر یوکس بدلولي شي. خداې دې داسې وکړي ډیر زیات ستا په ژوند کښې.

برخه ۱

اساسي اقدامات

د یسوع منصوبه

د یسوع منصوبه چې قومونو ته ورسي په پنځو نکاتو مشتمله ده.په خداې مضبوط یقین جوړول، د یسوع تعلیمات عام کول،راهِبان جوړول، داسې خلق پیدا کول چې چرچ وچالوي او مشران پیدا کول. هر یو نکته ځان ځان له کول خو په داسې طریقه چې هر نکته د بلې نکتې دپاره مددګاره وي.د ایف جې تې مواد د ټرینیګ ورکولو والا ته دا مدد ورکوي چې چرچونه زیات کړې شي په خلقو کښې او د یسوع تابعداري وکړې شي.

بنيادي راهِبان جوړول دپاره د دی خبری ضروری دي.په خداې مضبوط ےقين ساتل، د چرچ علم عام کول، او راهِبان جوړول. زده کونکو ته دا علم ورکولې شي چې ځنګه به زياتيګی او دا تربيت ورکولې شي چې ځنګه به د لګو خلقو راهنماي کوئ، عبادت، د يسوع د تعليماتو او په خداې باندې مضبوط بقين. زده کونکي بيا دا پته لګوي چې خداې به ځنګه معلوموې چې چرته هغو کار کوي.

هغو زده کوي چې خپل دليل به ځنګه نورو ته ښاې،د يسوع تعليمات به ځنګه خوارو‌ې او د خلقو په مينځ کښې د رزياتيدو نظريه خوارول.د کورس مکمل کيدل زده کونکو ته دا سبق ښاې چې خپل پيروکار به ځنګه جوړوې او هغوې به په ټولګو کښې تقسيموې.

هغه زده کونکي کوم چې صحيح ےقين لري چې نور خلق تربيت ےافته کړو هغوي راهِبان جوړوي ےا بنيادی چرچونه جوړوي ےا بنيادی مشران تربيت کوي چې ځنګه د هغوې ضرورت وي.

بنيادي چرچ شروع کول ےو داسې نظام دې چې په دې کښې چرچ ته دا طاقت ورکولې شي چې نور ټولګي جوړ کړي،د چرچ زياتولو تاريخ ورته ښودلې شي. بنيادي مشران ټرين کول ےو داسې نظام دې چې په دې کښې د صبر والا روحاني مشران او د چرچ زياتولو جذبه پيدا کولې شي.د واده تطامونه د عيسې عليه سلام تعليمات خلقو ته ښاې او زده کونکو ته ساده او مددګاره طريقه ښاې او نورو خلقو سره يې تقسيموي

اثبات دکتابو د هغه پنځه قدمه يادو د وزارت د عيسی په دي. پټر او د مسوول پاول عيسي تقليد ځخه .څرګنديږي چې هغوی له خوا د وروسته هم مخ ببلګي دي. عيسائي ئ پيروي روزنه هم د ايالتونو د دي

یسوع

په خدای مضبوط یقین جوړ کړئ

اؤ دَ عیسیٰ حِکمت اَؤ ونه لوئے شول اَؤ دَ خُدائے اَؤ دَ بنی آدمو په نظرکښے ئے قبُولیت ومُوندو -لوقا۲:۵۲

د عیسی تعلیمات نورو ته ویل

مرقس ۱:۱۴،۱۵ -هر کله چه یحییٰ ونیولے شو نو عیسیٰ گلیل ته راغے اَؤ دَ خُدائے دَ زیری وعظ ئے کولو چه "وخت پُوره شو،دَ خُدائے بادشاهی په تاسو دَ بره کیدُونکی ده. توبه گار شئ اَؤ په زیری ایمان راوړئ".

راهبان جوړ کړئ

مرقس ۱:۱٦،۱۸-عیسیٰ دَ گلیل دریاب په غاړه روان وُو چه هغهٔ شمعُون اَؤ دَ هغهٔ ورور آندریاس ولیدل چه دَ دریاب په غاړه ئے جال اچولو ځکه چه هغوئ دَ ماهیانو ښکاریان وُو. عیسیٰ هغوئ ته ووئیل چه"ما پسے راځئ اَؤ زَهٔ به ستاسو نه دَ بنی آدمو لټوُونکی جوړ کړم". اَؤ سمدستی هغوئ خپل جالُونه پریښودل اَؤ په هغهٔ پسے روان شول.

چرچونه شروع کړئ

مرقس ۳:۱۴،۱۵-هغهٔ دولس تنه رسُولان مُقرر کړل،څوک چه به دَ هغهٔ سره وی اَؤ بهر به دَ وعظ دَ پاره لیږلے شی، اَؤ چه دَ پیریانو دَ ایستلو اِختیار به هم لری.

مشران تربیت کړئ

مرقس ۶:۷،۱۰-هغهٔ دولس مُریدان راوبلل اَؤ دوه دوه تنه ئے په مُهم آستول شروع کړل اَؤ په پیریانو ئے ورله اِختیار ورکړو. اَؤ ورته ئے ووئیل چه"دَ سفر دَ پاره دَ یوے امسا نه بغیر دَ ځان سره بل هیڅ څیز وانهٔ خلئ،نهٔ ډوډئ،نهٔ کڅوړه اَؤ نهٔ په همیانی کښے پیسے تکے. څپلئ خو په پښو کړئ خو دویم قمیص مه آخلئ". اَؤ ورته ئے ووئیل چه"کله تاسو یو کور ته ننوزئ نو تر هغے هلته پاتے شئ تر څو دَ هغه ځایه رُخصت شوی نهٔ یئ.

پیټر

په خدای مضبوط یقین جوړ کړئ

اعمال۱:۱۳:۱۴ کله چي هغو راوارسیدل نو په پوړوو باندې اوختل چرته چي هغو پاتي کیدل.دا د هغو نومونه دی کوم چي دلته پاتي کیدل. پیټر جون او جیمز هغو یوځاي او یو ځای به وو په مانځه کښې. سره د مریم کومه چي د عیسی مور وه.نوری ډیر زنانه او د عیسی ورونړه. (این ایل ټي)

د عیسی تعلیمات نورو ته ویل

اعمال۲:۳۸:۳۹ پیټر وویل :خداې ته واپسي وکړي د عیسی په نوم باندې مشهور شئ ځکه چي ستاسو ګناهونونه معاف شي بیا به تاسو ته مقدس روحانیت میلاویګي. (سي اي ډبلیو)

راهبان جوړ کړئ

اعمال۲:۴۲-۴۳ هغو خپل ځان عیسی ته، د هغه تعلیماتو ته، د هغه دوستئ ته او عبادت کولو ته وقف کړې وو. هر یو کس به ویریدو او د عیسی په ذریعه به ډیر معجزات ظاهریدل. (این اې ایس بي)

چرچونه شروع کړئ

اعمال۲:۴۴-۴۷ دا صحیح یقین والا کسان یو ځاې وو او هر څه یې یو ځاې وو.او هغو خپل هر څه سامان خرڅ کړو او په خلقو یې تقسیم کړو چا ته چې به هم ضرورت وو.هره ورځ په ګرجه کښې یو شان ذهن سره او په هر کور کښې روټئ تقسیمولو نه پس هغو به خپلې روټئ په خوشحالئ سره او د خداې په تعریف سره او ټولو خلقو سره مینه کولو سره خداې به ورځ په ورځ د دوی تعداد زیاتوو. کوم کسان چې به محفوظ شوي وو. (اې ایس بي)

مشران تربیت کړئ

اعمال۶:۳-۴ نو دغه شان اووه (۷) کسان خوښ کړئ کوم چې ډیر عزت مند وي او د عقل او ذهانت نه ډک وي.مونږ به هغو له دا ذمه داري ورکړو. بیا به مونږ راهبان خپل وخت په عبادت او تعلیم کښې تیروو. (این ایل ټي) ایکټ ۶-۶:۵ هم اوګورئ

پال

په خدای مضبوط یقین جوړ کړئ

ګلاتیان ۱:۱۵-۱۷ خو کله نه چې زه خدایٔ د پیدایش نه پس برابر کړم او په خپل فضل یې راوغوختم او په خوشحالئ یې خپل ځوی په مونږ کښې نازل کړو. او اوس به زه په خلقو کښې د دی تبلیغ کوم. ما چا سره هم رجوع اونه کړه او نه زه یروشلم ته لاړم چې اوګورم چې زما نه مخکښې راهب څوک دې خو زه عربو ته لاړم او بیا دمشق ته رالم.

د عیسی تعلیمات نورو ته ویل

اعمال ۱٤:۲۱ ... دوئ(پال او برن براس) په خار کنبے منبے خبرے تبلیغ او کو او په زیات مقدار کنبےراهبان ئے جوړکړل- بیادوئ لیسترا،آ ئیکونیم او انټی نوچ ته را واپس شول-

راهبان جوړ کړئ

اعمال۱٤:۲۲ ....دراهبانوحوصله افزائی ئے او کړه او مضبوط ئے اوبسائل چے دوئی په خپل ایمان ربنیتنی پاتے شی- او دائے او ویل ورته چے دخدے بادشاهی تا دننه کیدو دپاره به مونګ سختی برداشت کؤو-

چرچونه شروع کړئ

اعمال۱٤:۲۳ .... پال اوبرن باس په هریو چل کنبے خپل مشران مقررکړل، او د مونځ او دروزے

په تاکید سره ئے دوئی خپل آقا سره او تړل، چه
په کو مو باندے دوئی اعتماد کړے ؤو-

مشران تربیت کړئ

اعمال١٤ ١٣:١٤ ... دے(پال) دربے تاراغ او بیا لیستړا
تا، چه هلته کنبے د تیموتی په نامه یوراهب او سیدو،
چه دهغه مور یهوده وه اودیقین واله، خوددپلاریونانے
ؤو- د لیسترا اوأ ئیکونیم رونړو خه ویلی ؤود دپه باره
کنبے - پال دغو نبتل چه دے زان سره سفر بوځی-

د چرچ تاریخ

د چرچ په ټول تاریخ کښې دا پنځه نکات یو شان دي. چرته سینټ بینډکټ، د اسیسي سیټ فرانس،پیټروالډو،او والډ انیسیین، جیکوب سپیسراو جان وسلي او مینوډسټ جونتن اډورډ او پیراتین جلبرټ ټیسټنټ او باتسټ ډواسن ټروټ مین او نیوی ګیټر بلي ګراهم جدید ایون ګیلي کالزاو د عیسایانو دپاره د صلیبو کیمپ، دا یوه طریقه بار بار دهراویګي.

یسوعیلي وو چي *"زه به خپل چرچ جوړوم"* متی ٦١:٨١ . دا د هغه طریقه کار دي او ایف جي ټي پیروکارانو ته دا طاقت ورکوي چي د عیسي علیه سلام تابعداري وکړي د زړه نه، روح نه، ذهن نه او په پوره طاقت سره.

تربیت ورکونکو ته تربیت ورکول

دا هغه معلومات ورکوي چې تربیت کونکو ته به څنګه تربیت ورکوې اول دا چې مونږ به تاسو ته هغه تسبیح ښایو د کومې چې تاسو هیله لرئ.د نورو خلقو تربیت ورکولو نه پس بنیادی راهِبان جوړول یې.د هغې نه پس به مونږه تاسو ته د تربیت ورکولو چل ښایو چې په هغې کښې شامل دي ۱.عبادت ۲.دعا ۳.مطالعه ۴.عمل چې په ډیرو اهمو حکمونو باندې مشتمل دی اخره کښې به مونږه تاسو ته څه د کار خبری ښایو کومې چې به مونګه معلومې کړي وي کله چې مونږه په زرونو خلقو ته تربیت ورکوو

دمجاهدینو

د بنیادې راهِبان جوړولو سبق نه پس زده کونکي به د دې قابل شي

- چې بنیادي لس خبرې به د عیسې علیه سلام مطابق نورو ته وښاي په یو خاص تربیت طریقه باندې
- ۸عکسونه رایاد کړئ کوم چې د عیسې علیه سلام نمایندګي کوي.
- سپاده مشري، د لګو کسانو ټولګې عبادت وکړي چې په اهم احکاماتو مشتمل دي.
- په دلایلو مضبوط علم نورو سره تقسیم کړې، دعیسې تعلیمات په بهادرئ سره خلقو ته ښودل.
- یو مضبوطه نظریه نقصان ته رسیدو دپاره وړاندې کول او عمل کونکي تربیت کول د ایکټ ۲۹ لاندې.

- یو تبلیغي ګروپ ته شروع وکړئ (چې د هغې نه به بعض چرچ جوړ شي) او نورو ته تربیت ورکړې چې هغوی هم دغه کار وکړي

طریقه کار

د هر یو سیشن یو طریقه کار دې. لاندې ورکړې شوی په ترتیب سره جوړ کړې شوی ټایم ټیبل دې.

تعریف

- ۱۰ منټ
- چا ته اووایه چې سیشن شروع کړي د خدای د رحمت دپاره دعا وکړي او هر یو په ټولګي کښې پوهه کړې. چاته اوایه چې و ګانو والا مشري وکړي. د آلاتو استعمال اختیاري دی.

دعا

- ۱۰ منټ
- زده کونکي په جوړو کښې تقسیم کړی داسې چې مخکښې یې د چا سره جوړه نه وي جوړه کړې. جوړه دې په خپلو کښې د دواو (۲) سوالونو جوابونه تکرار کړي

1. خنګه به مونږ د ورک شوو خلق پیدا کوو دې دپاره دعا کول؟
2. د هغه ټولګي دپاره دعا کول کوم له چې تاسو تربیت ورکوې؟

- که چرته یو زده کونکي یو ټولګې نه وي شروع کړې د هغه ملګرو له پکار ده چې د هغه سره کار وکړي او د هغه د دوستانو او خاندان تربیت وکړي او بیا د هغه سره دعا وکړي د هغه چا لپاره کوم چې په لسټ کښې دي.

مطالعه

د عيسی عليه سلام پيروي وکړی. تربيت کښې دا لاندې نکات دي تعريف، دعا،مطلعه او عمل دا طريقه د عام عبادت بنياد لري چې د کومې تفصيل په ۳۳ نمبر پانه کښې دی. په لسو سبقونو کوم چې په ايف جې ټی رساله کښې دي

- ۳۰ منټ
- "مطالعه" سبق لاندې وړاندی کولې شي. د مطالعې هره برخه د "مختصرې جايزې" نه پيل کيګي. دا د هغه اته (۸) تصويرانو مختصر جايزه ده کومو چې د عيسی عليه سلام پيروي کړې وه او د هغه سبقونو کوم چې د وسه پوری زده شوي دي. د تربيت په اخره کښې زده کونکي به د دی قابل شي چې د تربيت ټولې خبری زباني وکړي.
- د جايزې نه پس تربيت کولو والا زده کونکو ته نوی سبق ښاي او په دې خبره زور ورکوي چې په توجه سره واوري ځکه چې دوي به مخکښې نور کسان تربيت کوي.
- کله چې تربيت ورکولو والا سبق ښاې نو په دې ترتيب دې ښاې.

۱. سوال دې کوي
۲. د انجيل تلاوت دی وکړي
۳. د زده کونکو دې حوصله افزاي وکړي چې د سوالونو جوابونه ورکړي.

په دې طريقه کښې د خداې لفظ مطلب د زندګۍ خاوند دې او استاد نه دې. اکثر استاد سوال کوي جواب ورکړې او په دليل کښې د انجيل جواب پيش کړی دې ترتيب سره استاد مشر شي د لفظ خداې په ځاې.

- که چرته زده کونکي صحيح جواب ورنکړې شي هغو مه صحيح کوی بلکه نورو کسانو ته اووايه چې هم دغه خبره په زوره زوره اوکړي او بيا تری تپوس وکړه.

- هر سبق د حافظی په ایات ختمیګي. اخري څلور (۴) ځل بهر حال تولګي د حافظی د ایت په یاده تلاوت کوي، ټول ګروپ د ایت لس ځل تلاوت وکړي او بیا کیني.

عمل

- ۳۰ منټ
- مخکښي تربیت ورکونکي،زده کونکي د عبادت دپاره تقسیم کړي وو. د عبادت ملګری به د عمل ملګری .هم وي
- د هر سیق دا طریقه ده چې د جوړې مشر به څوک وي. د مشر، چې د چا به آموخته کوي. د روزونکي او د انتخاب د لارې د مشر د ډلې د جوړه کړي.
- د روزونکو، د شري د مشر د اورګاډو. د تربیت وخت به په مختصر جایزه او نوي سبق مشتمل وي. او ختمیګي به د حافظی په ایت.زده کونګي به اودریږي کله چې د حافظي ایت تلاوت کوي.او کیني به کله چې ختم شي.
- دویم کس به طریقه دهراوهي داسې دوي تربیت هم کولې شي. دا خبره یقیني کړئ چې جوړه پاتې نه شي یا نزدی لاره راوانه باسي.
- کله چې دوي عمل کوي نو ته په کمره کښې ګرځه او ګوره چې دوی صحیح پیروی کوي او که نه. په دې خبره زور ورکړه چې زما په شان کوئ.
- بیا ورته ملګرې بدل کړه او بیا پری عمل وکړه

اختتام

- ۲۰ منټ
- اکثر سبقونه په عملي سبق ختمیګي. زده کونکو ته وخت ورکړه چې په ایکټ ۲۹ کار وکړي.او د هغوي حوصله افزائ وکړه چې وګرځي او د نورو نه هم زده کړي کوم چې کار کوي.
- ضروری هدایات ورکوه او بیا چاته اووایه چې د ټولو کسانو دپاره دعا وکړي کوم کس چې مخکښې دعا نه وي کړي هغه

ته اوو ایه چی دعا وکړي. د تربیت په اختتام کښې چی هر یو کس په عبادت کښې یو ځل حصه اخستي وي.

اصول

په تیرو لسو کلونو کښې مونږ په زرګونو کسان تربیت کړي دي د هغی نه مونږ دا اصول جوړ کړي دي زمونږ تجربه دا وایٔ چي اصول یو شان نه دي پکار. مونږ لیدلي چی هغوي په ایشیا، امریکه او افریقه کښې کار کوي (د یورپ مونږ نه پته نشته تر وسه)

- **د پنځوٌ قانون** د بل کس تربیت کولو نه مخکښې سبق په خپله کم از کم پنځه ځل یاد کړه. په سبق عمل کولو کښې شامل دي چي یا د بل چا نه سبق واوری او یا پری په خپله عمل وکړي. دی وجې نه مونږ وایو چي د عمل وختونه دوه پکار دي زده کونکي دې اول خپل عبادت ملګري سره عمل اوکړي او بیا دی د بل نوي ملګري سره هم وکړي
- **لږ د ډیر نه بهتر وي**اکثر زده کونکي ډیر تعلیم یافته وي خومره چي د هغود پیروکاریٔ پیمانه وي. یو عامه غلطي دا ده چي تربیت کونکي زده کونکو ته د هغې نه ډیر معلومات ورکړي خومره چې هغو تابعداري کولې شي د دې قسمه تربیت نتیجه دا وي چي کسان علم ډیر واخلي خو عمل یې لږ وي. مونږ اکثر کوشش کوو چې کسانو له لږ علم ورکړو خو عمل پرې اوکړي
- **مختلف زده کونکي مختلف زده کوي** خلق په درې (۳) طریقو سره زده کول کوي. اوریدل، تخیل کول او په عمل کولو سره. د زبردست تربیت دپاره دا ضروری ده چي هر سبق دې په درې (۳) طریقو سره یاد کړې شي خو اکثر تربیت په یو (۲) یا په دوه (۲) طریقو مشتمل وي. زمونږ مقصد دا دې چي ټول ګروپ زده کړه اوکړي زمونږ د تربیت نظام داسې دی چې درې (۳) طریقی زده کړې شي او یوه هم پاتې نه شي.
- **طریقه او مواد اهم دي** ریسرچ کونکو د ماشومانو په تعلیم کښې دا خبره معلومه کړې ده چې مونږ کسانو ته څه علم منقل کړو د ډیرو معلوماتو په ځاې. د مثال په توګه د اکثر طالبعلمانو دپاره د لیکچر طریقه صحیح نه وي. افسوس چې

اکثر تربیت د ملک نه بهر کیږي بیا هم دا طریقه اپناوهي. مونږ توجه ورکوو چې د عیسی تابعداریٔ تربیت کښې نور کسان پیدا کړې شي او زمونږ سبق داسې پکار دې چې راروان نسل زده کونکي پیدا کړې شي.

- **مختصر جایزه مختصر جایزه مختصر جایزه** دا دویمه طریقه کومه چې د یادولو دپاره استعمالیږي دا ده چې څه ؛په یاده: کړی. زمونږ ټول تربیت نظام په دې دې چې خلق داسې څی کړوچې ورته منتقل شي. په نتیجه کښې زمونږ یو مقصد دا دې چې یو زده کونکي د تربیت ټول کورس په یادو یاد کړي.د :جایزه: حصه زده کونکو ته مدد ورکوي چې صرف دا کار کول دي. مهرباني وکړې چې جایزه مه پریګدې. زمونږ تجربه ده چې د وریژو زمیداران په جنوبي ایشیا کښی دومره تعلیم یافته دي چې د لاسو په حرکت سره تربیت ورکولی شي.
- **سبق جوړول** کله چې مونږ نورو له تربیت ورکوو مونږ سبق جوړوو چې یادولو کښې مدد ورکړي او زده کونکو کښې جرات پیدا کړي. د مثال په توګه مونږ اول سوال کوو د انجیل تلاوت وکړه جواب ورکړه او د لاسونو حرکت اوښایه بیا مونږ دویم سوال کوو او هم دغه طریقه کوو. د دریم سوال کولو نه مخکښې مونږ د اولني او دویم سوال جایزه واخلو. بیا مونږ دریم سوال کوو او مونږ دا طریقه په ټول سبق کښې دهراوهو. هر سبق داسې تیاروو چې نوي سوالونه وکړو. دا زده کونکو ته مدد ورکوي چې هر څه ښه یاد کړي او پوهه شي پرې.
- **مثال جوړ شی** خلق هغه څه کوي کوم چې د یو نوي کس نه سیکاري. د تربیت مقصد دا دی چې خپل ژوند تیر کړو او خلقو ته صرف معلومات ورنکړو. داسې تازه قیصې چې خداې پاک څنګه زمونږ په زندګو کښې عمل دخل کوي. نوي زده کونکي متاثره کیږي. تربیت ورکول څه نوکري نه ده. دا د زندګۍ تیرولو طریقه ده چا چې دا طریقه زده کړه دی سره د چرچ زیاتولو والا کښې زیات والي راځي

ساده عبادت

ساده عبادت د عیسی علیه سلام پیروی اهمه حصه ده.راهبانو کولو اهم نکته ده د کوم بنیاد چي په غټ حکم دی. ساده عبادت خلقو ته ښاي چي د زړه نه به خدای سره ځنګه مینه کوي. د روح نه، د ذهن نه او د خپل ټول زور نه.

مونږ خدای سره د زړه نه مینه کوو او د هغه تعربف کوو. مونږ د خدای سره مینه کوو د خپل روح نه ځکه مونږ د هغه عبادت کوو. مونږ د خدای عبادت کوو د خپل ټول ذهن نه ځکه مونږ د انجیل تلاوت کوو. اخره کښي مونږ د خدای سره مینه کوو د خپل زور سره ځکه مونږ عمل کوو څه چي مونږ زده کړي دي او نوروخلقو ته به یي هم ښایو.

خدای د جنوبي ایشیا په هغه وړو ټولکو رحمت کړی دی چا چی دا خبره معلومه کړي ده چي هغوي ساده عبادت هر چرته کولي شي کور کښي،دکان کښي،پارک کښي، د اتوار سکولونو کښي حتي که لوی بلډنګ کښي.

ترتیب

- ساده عبادت پوره کیدلو کښي شل منټه لګي.
- د یوپروګرام ناسته کښي مونږ سحر کښي کوو غرمه کښي کوو.
- اول ساده عبادت وکړي د نورو دپاره ماډل جوړ شي. بیا هغوی ته اوښاي چي تاسو به ځنګه کوی-
- چي کله ورته تاسو چل اوښایي بیا هغوي ته اووایی چي ځانله ملګري خوښ کړي اکثر زده کونکي ملګري خوښوي کله چي

ټول ملګري جوړ کړي هره جوړه دې د بلې جوړې سره ملاو شي. هر ګروپ کښې د څلور کسان شامل شي.

- هر ګروپ ته اووایه چې په خپل نوم سره راشي. کوشش کوی چې په ټول تربیت کښې بیا هم هغه نوم استعمال شي.ټولو له لږ وخت ورکړه او بیا هغوی راوبله او د نوم تپوس ترې اوکړه.
- هفته واری کښې مونږ خلقو ته ساده عبادت ښایو.مونږ په روستنو وختونو کښې ورځو او عمل پری کوو.

طریقه

- د څلورو ټولګې جوړ کړه.
- هر کس د ساده عبادت یوه حصه واخلي.
- هر ځل تاسو ساده عبادت وکړې.زده کونکي تاویګي کوم عبادت چې هغوي کوي نو د تربیت په اختتام کښې هر کس د ټول عبادت هره حصه کم از کم دوه ځل کړې وي.

تعریف

- یو کس د ټول ګروپ نمایندګي کوي په ګانو کښې.
- د اوزارو ضرورت نشته دې.
- د تربیت په وخت کښې زده کونکو ته اوایه چې خپلي کرشئ داسې کیږدي لکه په هوټل کښې چې څوک په میز کیني.
- هر ګروپ به مختلف ګاني واې او داسې ډیره ښه ده.
- ګروپ ته اووایه چې دا وخت دې چې تاسو د خداې تعریف د زړه نه اوکړئ. دې ته مه ګورئ چې کوم ګروپ په تیزه ګانه واي.

عبادت

- بل کس (هغه نه کوم چې عمل کښې مخکښې وو) د عبادت مشري به کوي.
- دعبادت مشر ټول ګروپ ته درخواست وکړي د عبادت دپاره او بیا یې وه لیکي.

- دعبادت مشر د هغه وخت پورى عبادت كوي كله چې نور ملګري هم ملاو شي.
- كله چې هر ملګرى د عبادت درخواست اوكړي د عبادت مشر د ټول ګروپ دپاره دعا اوكړي

مطالعه

- هم دغه ګروپ كښې بل كس د مطالعې مشر جوړ كړى شي.
- د مطالعې مشر د انجيل نه څه قيصه په خپلو الفاظو كښې بيان كړي. مونږ مشوره وركوو چې د عيسې تعليماتو نه قيصه وكړې كم از كم په شروع كښې.
- په ګروپ انحصار كوي چې دوي د ګروپ مشر ته اووايي چې اول د انجيل نه قيصه وكړه بيا يې خپلو الفاظو كښې بيان كړه.
- كله چې د ګروپ مشر قصه بيان كړي هغه د خپل ګروپ نه درې سوالونه كوي.

۱. دا قيصه د خداې باره كښې څه واې.
۲. دا قصه مونږ ته د خلقو باره كښې څه واې.
۳. ما دې قيصه كښې څه زده كړل چې د عيسى په پيروي كښې ما له مدد راكړي.

- ګروپ هر سوال باندې تبصره كوي تر هغه وخته پورى چې د ګروپ مشر تبصره ختمه كړي. بيا مشر بل سوال اوكړي.

عمل

- هم دغه ګروپ كښې بيو بل كس د عمل وخت كښې مشر جوړ كړې شي.
- د ګروپ مشر د سبق مختصر جايزه كښې د ملګرو مدد كوي او بقين دهاني كوي چې ټولو ته سبق ياد شو.او اوس يې بل چا ته هم ښودې شي.
- دعمل مشر د انجيل هم هغه قيصه وكړي چې د مطالعې مشركړې وه.

- دعمل مشر هم هغه سوالونه اوکړي کوم چې د مطالعې مشر کړي وو.او ټول ګروپ په هغه سوالونو تبصره اوکړي.

اختتام

- د ساده عبادت ګروپ د عبادت اختتام د تعريف ګانې سره اوکړي اود خداې ګانه په شريکه اووايي.

د ياد ساتلو اصول

- د څلورو(۴) کسانو ګروپ په بهترينه طريقه عبادت کوي. که تاسو خامخا ګروپ زياتوئ نو د پنځو جوړ کړئ. صرف يو زيات کړي. د درې کسانو دوه (۲) ګروپونه د شپږ (۶) کسانو يو ګروپ نه ښه دي.
- په ساده عبادت کښې د فايدې خبره دا ده چې هر کس د څلورو (۴) حصو هره حصه عمل اوکړي. تعريف، عبادت، مطالعه او عمل. د څلورو کسانو ګروپ مدد ورکوي هغه کسانو ته کوم چې زده کوي او د غټ ګروپ په شان خطرناک نه وي.
- د ګروپ حوصله افزاې وکړئ چې د زړه په ژبه کښې عبادت وکړي. که چرته يو ګروپ کښې ګانې والا نه وي نو هغو دې تيز اواز کښې مقدس نظم اووايي.
- دا خبره بقيني کړه چې تا د عمل دپاره ښه پوره وخت ورکړی دی.چې په خپل ګروپ باندې ښه پوره عمل اوکړی.د عمل په وخت کښې ذمه داري د ساده عبادت ګروپ کښې تيز والې راولي. د عمل وخت نه بغير وخت د انجيل د نورې مطالعې طرف ته واړوئ. آيا دا هغه څيز دې کوم چې تاسو غواړئ؟
- تاسو به فکر کړی وي. د ساده عبادت طريقه کار هم هغه شان دې کوم چې په لسو (۱۰) ايف جي ټي کښې استعماليګي. غټ فرق صرف د مطالعې وخت په ترتيب کښې دی. د ابف جی ټی په اختتام کښې زده کونکي به د ساده عبادت څو ځله عمل کړی وي. زمونږ دعا ده چې دوي د ګروپ رهنماي اوکړي او د نورو تربيت اوکړي. او په شريکه سره عبادت اوکړي

برخه ۲

روزنه

۱

پخير راغلي

پخير راغلي سره د سيشن يا پروگرام او تربيت ورکولو والا او زده کونکي شناخته کيږي. تربيت ورکونکي زده کونکو ته اته (۸) تصويران په دې ترتيب ښاي.سپاهي، محنت کونکي،ګډبه، زميدار،ځوې، مقدس،ملازم او فور مين. دی سره لاسونه هم خوزول دي ځکه چې خلق د اوريدو نه زده کوي، ليدو نه او کولو نه. د عيسی پيروي تربيت کښې دا ټول څيزونه زده کيږي.

انجيل د خپل استاد روحاني جذبه واې. زده کونکو ته وييلي شي چې د ټول تربيت کښې د جذبې سره کار کوئ. د تربيت اختتام په چاې (څکلو) سره کيږي چې پروګرام په ښه طريقه سره ختم شي څنګه چې به راهِبان د عيسی سره کيناستل.

تعريف

- يوکس ته اووايه چې د خداې د موجودګئ او رحمت دپاره دعا اوکړي.
- يو ځای دوه (۲) ګانې اووايي

شروعات

د تربیت ورکونکي تعارف

د سیشن په شروع کښي تربیت ورکونکي او زدکونکي په یوه دایره کښي وي.که چرته میزونه ایخودي شوی وي نو مخکښي نه اخوا کول پکار دي.

- تربیت ورکونکي چل ښاي چې څنګه به د زده کونکو تعارف کوی.
- تربیت ورکونکي او شاګردان د یو بل تعارف اوکړي. دوي د کس نوم، د خاندان معلومات، د قبیلې (که چرته وي) او چې په ده باندې خداې په فلاني میاشت کښي رحمت کړې دی.

د زده کونکو تعارف

- زده کونکي جوړو کښي تقسیم کړی

ورته اووایه چې تاسو به اوس د یو بل داسي تعارف کوی څنګه چې ما او زما شاګرد اوکړو.

- دوي له پکار ده چې د خپل ملګري نوم یاد کړي، د خاندان معلومات، قبیله او چې خداې پرې تیره شوي میاشت کښې رحمت کړې وو.دا به مدد ورکړي چې خپله ډایرئ کښي معلومات اولیکي او بیا ترې نه هیریګي.
- پنځه منټه پس ورته اووایه چې څنګه مونږه د بو بل تعارف وکړو اوس پنځو کسانو سره هم داسي نور تعارف وکړه

د عیسی تعارف

مونږه خپل تعارف تاسو سره اوکړو او تاسو خپل تعارف نورو سره اوکړومونږه تاسو عیسې سره تعارف کوو. په

انجيل کښې د عيسى ډير تصويران دي خو مونږه په اتۀ (۸) توجه ورکوو

انجيل کينی ده يسوع اتھ تصويران

- پہ پيسن بورډ يو دائره پہ شکل کينی ده يسوع تصويران خہ کاره کړی-بيا طالب علمانو تھ سو واری لو ستلو اوواياۓ تر دی پوری چھ هغوی تھ پہ يادو ياد شی -

سپاهي .محنت کونکي. ګډبه. زميدار. ځوي راهب. مقدس. ملازم .فورمين

- سپاهي
  توره راخلي

- محنت کونکي
  اخوا دیخوا ګوري لاس یې د سترګو بره ایخي دي.

- ګډبه
  خپل لاسونه داسې خوزوي لکه چې څوک راجمع کوي.

- زمیدار
  تخم کري.

- څوي
  خولې له لاس وړي لکه چې څه خوري.

- مقدس
  داسې لاسونه اونیسي لکه چې دعا کوي.

"عیسې مقدس دی مونږ ته راهِبان وبلې شي."

- ملازم
  لاس کښي څټک دې.

- فورمین
  د جیب نه پیسې راوباسي.

یو تصویر د زرو (۱۰۰۰) الفاظو برابر وي او دی سره به تاسو د عیسی څه شکل څیکاری شئ. تصویر سره په اسانه پته لګي چي عیسی کله او څنګه کار کوي.

یو پلار اخبار پړاوهو او ځوي بار بار تنګولو چي ما سره لوبې اوکړه کله چې يې ډير ځل تنګ کړو نو اخير کښې يې پلار یوه پاڼه وشلوله. پلار ځوي ته اوويل چي دا حصی واخله او دا بيا يو ځائ کړه نو لوبه به کوو.

د پلار دا خیال وو چي ځوی به ډیر په احتیاط دا کار اوکړي او زه به په قلار اخبار اوګورم خو ځوې يې لس منټه پس راغي او کار يې مکمل کړي وو.کله چي يې تپوس اوکړو چې څنګه زر دي دا کار مکمل کړو ځوی جواب ورکړوپه شاته طرف یو تصویر لګیدلي وو ما چي تصویر صحیح کړو هر څه ورسره صحیح شول.

دا اته (۸) تصویران به تاسو له صحیح نظريه درکړي چي تاسو به څنګه ځئ عیسی سره.

د پیروي مطلب دا دې چي تاسو کار په هغه طريقه اوکړئ څنګه چي يې هغه کس کوي.د یو شاګرد د تجارت زده کولو دپاره د خپل استاد نقل کوي. شاګردان د خپلو استادانو په شان جوړيګي. مونږ ټول د چا نقل کوو مونږ.چي د چا نقل کوود هغه په شان جوړيګو. تاسو به په انجیل کښې د هغې جواب ګورئ او هغه شان د عيسې پيروي کوی

د صحيح زده کولو درې (۳) طريقي څه دي؟

خلق په درې طریقو زده کول کوي.هر څوک درې استعمالوي خو مونږ ټول صحیح زده کول غواړو.په دې سبق کښې به مونږ درې وانه زده کوو.نو تاسو هر یو کس دا زده کولې شئ.

څه خلق په اوريدو سره زده کوي ځکه به مونږ خپل سبق تيز وايو او سوال به هم تيز کوو لاس غوږ ته کيږدئ.

غوږ
ستاسو جام په لاس د غوږ دي

ځني خلق ليدلو سره زده کول کوي ځکه به مونږ تصويران او ډرامې استعمالوو.سترګو ته اشاره وکړې.

تماشه
ستا سترګي ته ګوته نيسي

ځني خلق کولو سره زده کوي ځکه به مونږ لاس سره اشارې کوو چې تاسو صحيح زده کړې. خپل لاس له حرکت ورکړي.

ژبان
د رغښتلو حرکت کوي پر خپل لاسونه

اوريدل، ليدل او کول درې (۳) بهترين استاذان دي.انجيل هم مونږ ته دا واې چې يو مقدسه جذبه هم يو استاد دې.په دې ټول سيشن کښې زه تاسو ته دا خبره کوم چې جذبې سره کار اوکړئ ځکه چې جذبه هم استاد دې.

اختتام

د چاې انتظام شوې دې. !

تاسو کوم ځاې غواړئ د چاې دپاره د سکول يو کلاس يا يو دوکان؟

مونږ ډیر څه څیزونه کلاس کښې زده کوو او مونږ له د خپلو استاذانو خیال ساتل پکار دی. خو بهر حال چرته چې مونږ د خپلو دوستانو،کور والا باره کښې څه زده کوو نو هغه د چاې دوکان دې. دا خبره هغه وخت هم رشتیا وه کله چې عیسی په ځمکه گرځیدو.

لوقا ۷:۳۱،۳۵-*"زَ دے پیرئ دَ خلقو مِثال په څهٔ درکړم؟ هغوئ دَ چا په شان دی؟ هغوئ په بازار کښے دَ ناستو هلکانو په شان دی څوک چه یو بل ته چغے وهی اَؤ وائی چه مُونږ تاسو ته شپیلئ وغږولے اَؤ تاسو گډا ونهٔ کړه! مُونږ ژړا انګولا وکړه اَؤ تاسو ویر ونهٔ کړو! ځکه چه هر کله چه بپتسمه ور کوُونکے یحییٰ راغے چه نهٔ ئے ډوډئ خوړه اَؤ نهٔ ئے شراب څښل نو تاسو وایئ چه په هغهٔ پیریان ناست دی! اَؤ هر کله چه اِبنِ آدم راغے چه خوری څښی نو تاسو وایئ چه دَهٔ ته وګورئ! دا ګیډور شرابی دَ محصُولچیانو اَؤ گناه گارو آشنا دے! خو بیا هم دَ خُدائے پاک حِکمت دَ خپلو ټولو زامنو په حقله رښتینے ثابت شو"*.

مونږ د چاې دوکان کښې ډیر ښه محسوسوو.که چرته عیسي عه نن ځمکي ته راغي نو هغو به ضرور د چاې دوکان ته لاړ شي.کله چې هغو مخکښې راغلي وو نو هم دا طریقه یې وه. دې وجې نه مونږ د تربیت ځاې د چاې دوکان ته بدلوو.

- هم دغه ځاې کښې د زده کونکو دپاره د چاې، قهوې او نور څه انتظام وکړې.

د دی مقصد دا دې چې کار په چا باندې بوجهـ نه شي. په نورو الفاظو کښې مطلب دا دې چې عیسی به دا راهبانو سره داسې کیناستو.

۲

ضرب

ضرب د عیسی تعارف د فورمین په شان کوي. فورمین واپس راتلل په صحیح وخت او خزانه راتلل غواړي. او د هغوی خواهش دې چې د عزت زندګي تیره کړي. زده کونکي زده کوي چې د بهر تلو څه فایده نشته دی. ۱. انسانانو ته د خدای اول حکم ۲.د عیسی علیه سلام اخري حکم انسانانو ته ۳. د ۲۲۲ اصول ۴. او د ډید سي او سي اف ګلیلي په مینځ کښې فرق.

سبق ختمیګي په زده کونکي سبق سره چې په هغې کښې د هر څیز فرق ثابت شي چې نورو خلقو ته به سبق څنګه ښای او تربیت به څنګ ورکوې. زده کونکو ته ښودالي شي چې خلقو ته به د تعریف،دعا، مطالعي او د خدای د تورې او نورو څیزونو چل څنګه ښای.د دی طریقې سره زده کونکي عیسی علیه سلام له زبردسته تحفه ورکړي کله چې ورسره جنت کښې ملاو شي.

تعریف

- چا ته اوواته چې د خدای د موجودګۍ او رحمت دپاره دعا اوکړي.
- بیا دوه مقدسې ګانې اووایه.

عبادت

- زده کونکي په داسې جوړو کښې تقسیم کړی چې مخکښې نه وي ملاو شوي.
- زده کونکي دې د سوالونو خپلو کښې تبادله اوکړي.

زه نن ستا دپاره څه دعا کولې شم؟

- دوستان یو ځاې دعا اوکړئ.

مطالعه

مختصره جایزه

د هرې جایزی سیشن یو شان وي. زده کونکي ودراوه او زده سبقونه ترې واوروه. پکار ده چې هغو د لاسونو حرکت هم کوي.

هغه اته (۸) تصویران کوم دي کوم چې د عیسې په تابعدارئ کښې زمونږ مدد کوي؟

سپاهي،مزدور،ګډبه،زمیدار،څوی،راهب،مقدس او فورمین

زمونږه روحاني زندګي د پوقړې په شان ده

- یوه پوقړی واخله او زده کونکو ته یې اوښایه

"زمونږه روحاني زندګي د پوقړې په شان ده"

- څنګه چې تاسو پوقړی والوزوئ نو د خداې رحمت به نازل شي. د پوقړی نه هوا اوباسئ.

"خداې مونږ له راکوي او مونږ به یې خلقو له ورکوو. په مونږ رحم څکه شوی چې مونږ په نورو رحم کوو".

- دا طریقه څو ځل دهراؤ کړئ او ورته اووایه چې زمونږ زندګي هم داسې ده.

"خو په مونږ کښې اکثر خلق داسې نه کوي مونږه هر څه په خپله جمع کوو نورو ته نه ورکوو. زمونږ دا خیال دې چې که مونږ خرچ کړو نو خداې به مونږ له نور رانکړي. زمونږ دا خیال دې چې دا ډیر سخت کار دې."

- بار بار پوقړی ډکوې خو وخت په وخت پوقړی ته هوا اوباسې. خداې تاسو له دومره ډیره درکړي ده خوتاسو یې نورو له نه ورکوې.اخره کښې پوقړی دومره ډکه کړې چې اوچوي.

"زمونږه روحاني زندګي هم داسې ده. مونږ ته چې څوک څه اوښاې نو مونږ له پکار ده چې نورو خلقو ته یې اوښایو.که په مونږ رحم کیږي نو مونږ له په نورو رحم پکار دې. که چرته مونږ داسې نه کوو نو دا زمونږه روحاني زندګۍ کښې ډیرې مسلې پیدا کوي. که مونږ ته ملاویګي او مونږ چاته نه ورکوو نو نقصان به کیږي"

عیسی د څه په شان دې؟

متی ٦:٢٠،٢١- *خپل ځان ته خزانے په آسمان کښے جمع کوئ چرته چه نۀ بزے شته اوۀ نۀ زنګ چه دا خرابے کړی، اوۀ نۀ غلۀ ورپسے کندر وکړی اوۀ په غلا ئے یوسی. ځکه چه چرته ستا خزانه وی هلته به دِ زړۀ وی.*

عسیې یو فورمین دې هغه د پیسو خبری کوي. دولت او نورو ډیرو داسې خبرو. د یو فورمین، عیسی په مونږه خرچه کړې ده او واپس په انتظار دې.

فورمین

داسې اداکاري اوکړې چې د جیبه پیسې راوباسې.

داسې څه داسې درې (۳) خبرې دي چې فورمین یې کوي؟

متی ۲۸،۱٤:۲۵- مِثال ئے دَ هغه سړی د ے څوک چه په سفر تلو اَؤ نوکران ئے راوبلل اَؤ خپل مال ئے ورته وسپارو. یو له ئے دَ سرو زرو پنځهٔ تیلئ ورکړے،دویم ته ئے دوه اَؤ دریم ته یوه، هر یو ته دَ خپل قابلیت په مُطابق بیا هغه دَ ملک نه روان شو. چا ته چه پنځهٔ تیلئ ورکړے شوے وے هغه سمدستی لاړو اَؤ سوداګری ئے پرے شروع کړه اَؤ پنځهٔ تیلئ ئے په کښے نورے وګټلے. خو ګوم سړی ته چه دوه تیلئ ورکړے شوے وے هغهٔ دوه نورے وګټلے. اَؤ کوم سړی ته چه یوه تیلئ ورکړے شوے وه هغه لاړو،په مزکه کښے ئے ډوغل وکنستو اَؤ دَ مالک هغه پیسے ئے په کښے ښخے کړلے. ډیره مُوده پس دَ هغوئ مالک واپس راغے اَؤ دَ هغوئ نه ئے حساب وغوښتو. ګوم سړی ته چه ئے دَ سرو زرو پنځهٔ تیلئ ورکړے وے،هغه راغے اَؤ پنځهٔ نورے ئے ورسره کېښودے اَؤ ورته ئے ووئیل چه ګوره مالکه! تا ماته پنځهٔ تیلئ راکړے وے،ما ورسره پنځهٔ نورے زیاتے کړے. مالک ووئیل،شاباش زما اعتباری اَؤ ایمانداره نوکره! تا په لږ څهٔ کښے ځان اِعتباری ثابت کړو،اوس به زَهٔ تا دَ ډیر څهٔ اِختیارمند کړم. راشه اَؤ دَ خپل مالک په خوشحالئ کښے شریک شه. بیا دَ دوؤ تیلو هغه سړے راغے اَؤ وے وئیل،مالکه! تا ماته دوه تیلئ سپارلے وے،ګوره،ما ورسره دوه نورے زیاتے کړے. مالک ورته ووئیل،شاباش! زما اعتباری اَؤ ایمانداره نوکره! تا په لږ څهٔ کښے ځان اعتباری ثابت کړو،اوس به زَهٔ تا دَ ډیر څهٔ مُختار کړم. راشه اَؤ دَ خپل مالک په خوشحالئ کښے شریک شه. بیا هغه سړے راغے چا ته چه یوه تیلئ ورکړے شوے وه اَؤ وئے وئیل،مالکه! ماته پته وه چه تهٔ یو سخت سړے ئے،تهٔ ئے هلته ریبے چرته چه دِ کرونده نهٔ وی کړے،تهٔ ئے هلته راټولوے چرته چه دِ خوارهٔ کړی نهٔ وی. نو زَهٔ ویریدلم،ځکه لاړم اَؤ ستا سرهٔ زر مے په مزکه کښے ښخ کړل. څهٔ چه ستا وُو هغه دا دی. مالک ورته ووئیل،اَئے سُسته نوکره! تاته معلومه وه چه زَهٔ ئے هلته ریبم چرته چه

کرونده نۀ کوم اَوْ هلته ئے راتولوم چرته چه خورول نۀ کوم څۀ؟ نو بیا تاته پکار وُو چه زما پیسے دِ صرافانو ته ورکړے وے،نو په واپسئ به ما هغه مال دَ سُود سره حاصل کړے وُو. هغۀ ووے چه دَ دَۀ نه دَ زرو هغه تیلئ واخلئ اَوْ دَ لسو تیلو والا ته ئے ورکړئ.

۱. فورمین خپل دولت په عقل مندئ سره استعمالوي.

"عیسی د دری (۳) کسانو قصه بیانوي چې دری کسانو د مالک پیسې استعمال کړې او جیل کښې واچول.خو دواو (۲) پکښې پیسې عقل مندئ سره استعمال کړې".

۲. فورمین خپل وخت عقل مندئ سره استعمالوي.

"عیسی غواړي چې خپل حکومت زمونږ په ایجنډه کښې واچوي".

۳. فورمین عزت سره اوسیږي.

"اګرچه عیسې غواړي چې مونږه صحیح او عزت منده زندګي تیره کړو.هغو به په مونږ نور هم اعتماد اوکړي".

عیسی فورمین دې او هغه مونږ سره اوسیږي. که مونږه د هغه پیروي کوو مونږ به هم د هغه په شان شو. مونږ به خپلې پیسې، وخت او ژوند په عزت سره تیروو

هغه څه چې د خدایْ ته د لومړی سړی دی؟

پیدایښت ۱:۲۸- *خدای پاک هغوی ته برکت ورکړ او ویې فرمایل: "بارداره او زیات شئ او ځمکه د خلکو څخه ډکه کړئ او د خپل واک لاندې یې راولئ او په ماهیانو، په مرغانو او په ټولو حیواناتو باندې حکم چلوئ."*

بنيادی راهبان جوړول

هغه څه چې د تېرې عيسي ته سړي دي؟

مرقس ١٦:١٥ بيا هغهٔ هغوئ ته ووئيل،"دَ تمامے دُنيا هرے سيمے ته لاړ شئ اَؤ زما دَ زيرى وعظ ټول مخلوق ته وکړئ.

عېسائي له هغه ته مريدانو ضربوي او ديني ماشومان.

زه به څنګه وي او ميوه داره ضربوي؟

تيموتيوس دويم ٢:٢-اَؤ ګومے خبرے چه تا دَ ډيرو ګواهانو په وړاندے زما نه آؤريدلى دى هغه دَ داسے ديانتدارو سړو په حواله کړه څوک ئے چه نورو ته دَ ښودنے لائق وى.

که چرته مونږ د نورو هم داسې تربيت وکړو څنګه چې زمونږ شوې دې خداې به زمونږ زندګئ کښې خير واچوي. مونږ دی ته ٢٢٢ اصول وايو. عيسى خپل ځان په پال نازل کړو.پال د تموتې تربيت وکړو. تموتې د نوروايماندارو خلقوتربيت وکړو او په ټول تاريخ کښې دا خبره جاري ده.او داسې يوه ورځ تا سره هم د عيسى دا خبره وکړه

د ګليلي سمندر يا ډيډ سي ↻

- به بله صفحه تصوير جوړ کړه دغه شان په ترتيب سره څنګه چې سبق ښاې.تصوير مکمل ډراينګ دې.

"دوه سيندونه دي کوم چي په اسرايل کښې دي. تاسو ته د هغي نوم پته شته.؟"

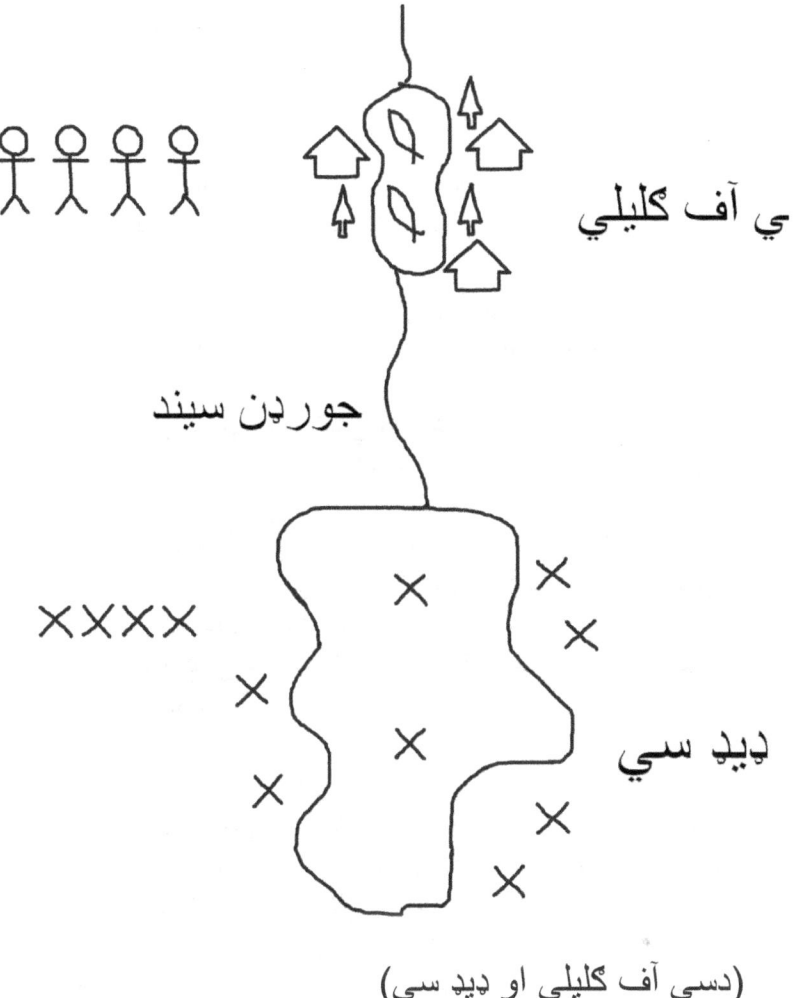

(دسي آف ګليلي او ډيډ سي)

- دوه دايرى جوړې کړي.ورکوټې بره جوړه کړه هغه د يو کرښې سره اولګوه.د بره دايرى نه يوه کرښه بوځه دوه سيندونه پرې جوړ کړه.

”يو سيند د سي آف ګليلي او ډيډ سي يو ځاې کوي. تاسو ته دى د نوم پته شته.؟“

(د جوړدن سیند)

- نښنکه د سیند

سي آف ګليلي او ډيډ سي ډير مختلف دي.اوسني کښي دير کبان دي. سي اف ګليلي کښي کبان جوړ کړه.

- په ډيډ سي کښي نشته په ډيد سي کښي جوړ کړه.
- د سي اف ګليلی خوا کښي ډير بوټي دي د ډيډ سي خوا کښي بوټي نشته.
- دغه شان د سی اف ګليلي خوا کښي ډير کلي دي. کلي جوړکړي. د ډيډ سي خوا کښي کلي نشته دې. البته جوړ کړي.
- د سی اف ګليلي خواته څلور (۴) مشهور کسان اوسيدل.تاسو ته د هغو د نومونو پته شته.؟ (پيټر،اينډايو، جيمز او جان).
- د سي اف ګليلي خواته څلور (۴) هندسي جوړې کړئ.د ډيد سي خوا کښي څوک مشهور کس نه دی پاتې البته څلور جوړې کړې.

دا ډيد سي ولې مړ دې او سي اف ګليلي ولې ژوندی دې. ځکه چې د سي اف ګليلي نه اوبه اوځې راوځي دا زمونږ د روحاني زندګئ تصوير دي. که چرته په مونږ رحم وشي نو مونږ له هم رحم پکار دي.که چرته څوک مونږ ته پراهاو کړي نو مونږ له هم پراهول پکار دي.نو بيا زمونږ مثال د سي اف ګليلي دي او که چرته مونږ کار نه کوو نو بيا مونږ د ډيډ سي په شان يو.

د کوم سيند په شان کيدل اسان دي. د سي اف ګليلي که ډيد سي. ډيرخلق د ډيډ سي په شان دي ځکه چې هغو اخلي خو ورکوي نه. خو څوک چي د عيسي پيروي کوي د سی اف ګليلي په شان دي.عيسي چې د خپل پلار نه څه اخستي وو خلقو ته يې ورکړي وو. که مونږ خلقو له دی دپاره تربيت ورکړو چې هغو مخکښي تربيت ورکړي د عيسی په شان دې.

تاسو غواړئ چې د کوم سیند په شان شئ؟ زه خو د سی اف
ګلیلي په شان شم

د حافظی ایت:

یوحنا ۸:۱۵ - دغه شان زما دَ پلار جلال
په دے ښکاره کیږی چه تاسو ښهٔ ډیره میوه
ونیسئ اَوْ زما مُریدان ښکاره شئ.

- ټول پاسئ او د حافظي ایت یو ځاې لس (۰۱) ځل اووایئ. پهلا شپږ ځل زده کونکي انجیل کښې اوګورې. اخري څلور ځل دي بیا په یادو اووایي. زده کونکي دی ایت ویلو سره حواله هم واي.او ختمیدو نه پس دی کیني.
- دی سره به تربیت ورکولو والا ته پیته لګي چې کوم ګروپ په عمل کښې کوم سبق ویلې وو.

عمل

- زده کونکو ته اووایه چې خپل ملګري ته مخ کړي او کیني. ملګري په نمبر نمبر سبق واوروې.

په ګروپ کښې په ټولو کښې کم عمر والا مشر وي.

- د دې مطلب دا دي چې هغه به اول تربیت ورکوي.
- په صفحه ۱۲ د تربیت کونکو تربیت وګورې.
- په دې خبره زور ورکړې چې په مطالعه سیکشن کښې مو څه کړي دي. هغه شان هر څه دلته هم وکړه.

سوال اوکړې.سبق بوځاې اووایې او جوابونه یوځاې ورکړې. څنګه چې ما تاسو سره اوکړه.

د سي اف ګلیلي\ډیډ سي جوړ کړې او د حافظی ایت اووایې څنګه چې ما تاسو سره اوکړه.

بنيادی راهبان جوړول

هر ځل چې سي اف ګليلي او ډيډ سي جوړوي نو صفا صفحه استعمالوي.

- د سبق ښودلو نه پس ملګري بدل کړي او بيا سبق دهراو کړي. چې کله ختم شي نو بيا ملګري شوچ اوکړئ چې تربيت نه بعد به يې چا سره اورومه. د سبق د اولنئ صفحی دپاسه د ملګري نوم وليکئ.

اختتام

د عيسى دپاره تحفه

- چاته اووايه چې په ډرامه کښې مدد اوکړي.
- رضاکار د کمری يو طرف ته اودروه او ته بل طرف ته اودريګه.زه غواړم چې د دوانړو يو شان ذهن دې.

تعريف
دوانړه لاسونه اوچت کړې

دعا
د دعا دپاره لاسونه هم اوچت اونيسي.

د زده دهري
و ورغوو مخ پورت د که چيرې تاسو يو کتاب لوستلو

نورو ته هم دعيسی باره کښې اووايه.
لاس داسې اونيسه لکه چې تخم کرې.

- په دې خبره زور ورکړه چې ته د هغه په شان روحانیت لرې خو یو فرق دا دې چې هغه د تربیت ورکوي هغه د عیسی زړه ګټي. زه د خلقو تربیت کوم زه د عیسی طرف ته مشرې کوم. زه دی دپاره تربیت نه ورکوم چې هغه مخکښې تربیت ورکړي.

اوس زه تاسو ته فرق ښایم کوم چې د تربیت د وجې نه پیدا شوی دې.

- هر کل زه او رضاکارکس یو کس له د عیسی دپاره څو.
- داونړه ته او رضاکار د اوریدونکو طرف ته لاړشئ. یو کس راپاسوه رایې وله او ځان سره یې اودره.

یو کال پس به فرق نه وینې. ما سره یو کس دې او د هغه سره هم یو کس دې.

- خو رضاکار کس تربیت کوي د عیسی طرف ته. دغه شان د لاس حرکت بیا اوکړې. دا ځل دوانړه یو ځاې لاس اوخوازوی. دا ځل ته خپل لاس اوخوزه.

ګورو چې په دوه کاله کښې څه کیږي. مونږ داونړه د عیسې طرف ته یو کس راولو. فرق دا دې چې هغه خلق تربیت کوي چې نور تربیت کړي. نو دا ځل به څه یو کس راولم. خو دوانړه په بل ګروپ کښې به یو کس راولي.

- ته او رضاکار د اوریدونکو طرف ته لاړ شئ او یو ملګرې خوښ کړئ.بیا د تربیت ورکونکي ملګری به هم یو ملګری راولي.

بیا به تاسو اوګورې چې دوه کاله پس به لږ فرق وي. ما سره دوه کسان دي هغه سره دری (۳) دي.

- بیا رضاکار او د هغه ملګرې د لاس حرکت کوي.خو ته په ګروپ کښې ځانله کس یې حرکت صحیح کوې.

- دا کار د ځو کالو پورې وکړې. هغې پورې چې د تربيت والا ټول منتخب شي. هر ځل ته حرکتونه ځانله کوه او خپل ملګرو ته وايه چې تعريف،عبادت،مطالعه او ښه خبرونه تقسيموي.خو وايه ته نورو ته دا مه وايه.
- اخره کښې به تا سره لږ کسان وي. اخره کښې ځوک هم نه وي نو ملګرو ته اووايه چې دوانړه لاسونه اوچت کړي او اووايې چې دا بل زما ملګرې دې.
- پنځه کاله پس به رضاکار ستا نه ډېر کسان تربيت کړي وي.په دې خبره زور ورکړه چې ستا د خپلو ملګرو سره ډېره مينه ده. او غواړې چې هغو مضبوط وي. ته هغو ته ډېر څه ښاې خو تربيت نه ورکوې د نورو تربيت کولو دپاره. کله چې تاسو جنت ته لاړ شې نو عيسی له به څنګه تحفه ورکوې. چې هغه ستاسو دپاره په صليب مړ شوی وو؟ صرف يو کس چې ما راوستې وو يا ډېر کسان د هغه په شان؟
- د رضاکار طرف ته اشاره وکړې.

خدايې مونږ ته حکم کړې چې کار کوو.زه غواړم چې د عيسی په شان شم د نورو تربيت وکړم چې هغوې د نورو تربيت وکړي. زه غواړم چې عيسی له د خلقو لويه تحفه ورکړم کوم چې ما تربيت کړي دي او بيا هغوې تربيت کړي دي. زه د خپل وخت او خزانې فورمين جوړيدل غواړم.او زه د عزت سره اوسيدل غواړم.

- خپل ګروپ ته اووايه چې بل ګروپ سره ملاو شي او کټونکي جوړ کړي.
- د ګروپ دې رضاکار ته اواز اوکړه د عيسی دپاره يوه تحفه چې د سيشن اختتام په دعا سره اوشي

۳

محبت

مینه د عیسی تعارف د یو ګډبه په طور کوي. ګډبه خپلې ګډې رهنماې کوي،څروبه يې او حفاظت يې کوي.مونږه خلقو ته خوراک ورکوو کله چې مونږه دوي ته د خداې خبرې ښايو.هغه کومه خبره ده د کومې نه چې خلق د خداې باره کښې خبر شي. زده کونکو ته د ټولو نه اهم حکم پته اولګي او پته ورته ولګي چې د محبت ذريعه څه ده. او ورته پته اولګي چې د عبادت سرچشمه څه ده.

زده کونکي د راهِبانو ګروپ ساده راهنماې کوي په دې خبرو سره. تعريف (د زړه نه) عبادت (خپل روح نه) د انجيل مطالعه د خپل ذهن نه. او د يو فن عمل کول (د ټول زور سره). او اخري نښه ده ګډبه او ازمرې: د دی مطلب دا دې چې په معاشره کښې د راهِبانو ډير ضرورت دې.

تعريف

- چا ته اوواته چې د خداې د موجودګۍ او رحمت دپاره دعا اوکړي.
- بيا دوه مقدسې ګانې اووايه

دعا

- زده کونکي په داسي جوړو کښي تقسیم کړی چي مخکښي نه وي ملاو شوي.
- هر ملګرې د خپل ملګری سره د دې سوالونه مشق کوي.

١. څنګه به مونږ د هغه کسانو دپاره دعا وکړو کوم چي ورک شوي دي
٢. څنګه به مونږ د هغه ګروپ دپاره وکړو کوم له چي تربيت ورکوې.

- که چرته یو ملګري لا د تربيت کار نه وي شروع کړې نو هغه له دعا وکړې چي هغو صحیح کار شروع کړي.
- ټول ملګري دې یو ځاې دعا وکړي

مطالعه

جايزه

د هرې جايزې سيشن یو شان وي. زده کونکي ودراوه او زده سبقونه ترې واوروه. پکار ده چي هغو د لاسونو حرکت هم کوي.

هغه اته (٨) تصويران کوم دي کوم چي د عيسې په تابعدارئ کښي زمونږ مدد کوي؟

سپاهي .محنت کونکي. ګډبه. زميدار. څوي راهب. مقدس. ملازم .فورمين.

ضرب

هغه څه چي درې شيان لري یو صاحب کار؟
هغه څه چي د خداې ته د لومړی سړی دی؟
هغه څه چي د تېرې عيسي ته سړي دي؟
زه به څنګه وي او ميوه داره ضربوي؟

هغه څه چې د نومونو د دوه سیندونه د اسراییلو کې واقع ده؟
ولې هغوی له دې امله بېلا بېلو؟
چې ته غواړې چې ته د؟

عیسی د څه په شان دې؟

مرقس ٦:٣٤ *هغه چه غاړے ته ورسیدلو نو ډیره ګڼه ئے ولیده اَوْ زړهٔ ئے پرے زسوزیدلو ځکه چه هغوئ دَ داسے ګډو په مِثال وُو چه شپُون ئے نهٔ وی اَوْ هغهٔ هغوئ ته ډیر تعلیم ورکړو.*

عیسی ښه ګډبه دې هغو ډیر تعداد ډیر خوښ کړې وو د هغو مسلې یې کتلې وې او هغو ته یې خداې طریقې ښودلې وې. هغه په مونږه کښې اوسیږي او زمونږ په زندګو کښې هم داسې کوي

ګډبه
مایل لاس حرکت ستاسو د بدن د که چیرې تاسو غونډه خلک دي

داسې څه داسې درې (٣) خبرې دي چې ګډبه یې کوي؟

زبور ٢٣:١،٦- یهود څما شپون دي- زه به ذهیڅ خیزمحتاج نه شم- هغه م د راحت او بو څخه بیایي- هغه ځان څما بیرته راګرزوي- دخپل نوم په وسیلي سره ما ته د صداقت په لاري کښ هدایت کوي بلکه هر کله چه ده د مرګ د سوري په خوړ کښ ځم نو د هیڅ بدئي نه به نه ویریږم ځکه چه ته ما سره یي ستا کوتۍ او ستا لږکي به ما له تسلي را کوي نه څماد ذ ښمنانو په روبروڅما په مخ کښ دسترخوان غوړوی ته م په سر تیل مږي- څما پیاله ترمورګوپوري ډکه شوله فقط نیکي او مهرباني د ټولو ورځود ژوندا نه به په ما پسي راځي او زه به مدام د یهوه په کور کښ او سم

۱. ګډبه خپلي ګډي په صحیح سمت کښې بوځي.
۲. ګډبه د خپلو ګډو حفاظت کوو.
۳. ګډبه خپلو ګډو ته خوراک ورکوي.

عیسي یو ګډبه دي او مونږه چي د هغه پیروي کوو نو مونږه هم ګډبه یو.مونږه به خلق د عیسی طرف ته رابلو. د ګناه نه به د خلقو حفاظت کوو. او د خداي په خبرو به خلق مړاوو

هغه څه چي تر ټولو مهم دی ته نور تعلیم؟

مرقس ۲۸:۱۲،۳۱ -بیا دَ شرعے په عالمانو کښے یو کس چه دَ دوئ دا بحث ئے آؤریدو اَؤ پوهه شو چه هغۀ دوئ ته ښځه ښۀ جواب ورکړو،راوړاندے شو. تپوس ئے ترے وکړو،"کوم یو حُکم دَ ټولو نه لوئے دے؟" عیسیٰ جواب ورکړو،" اَول دا دے چه،«اَئے اِسرائیله واؤره! مالِک زمُونږ خُدائے یو مالِک دے. تۀ دَ مالِک دَ خپل خُدائے سره دَ ټول زړۀ سره،دَ خپل ټول رُوح، دَ خپل ټول عقل اَؤ دَ خپل ټول طاقت سره مینه کوه «.دویم دا دے چه،« دَ خپل ګاونډی سره لکه دَ ځان مینه کوه.» دَ دے حُکمونو نه بل لوئے حُکم نشته«.

خداي مینه

- مایل پرهیزي لاس خدای دی.

خلکو مینه

- دباندی خواوی مایل لاس نور دي.

مینه د څه نه راځي؟

یوحنا اول ٤:٨،٧ خوږو دوستانو! راځئ چه دَ یو بل سره مینه ولرُو ځکه چه مینه دَ خُدائے له طرفه ده،اَؤ هر هغه څوک چه مینه لری هغه له خُدائے نه پیدا شوے دے اَؤ خُدائے پیژنی. خو څوک چه مینه نهٔ لری هغه خُدائے نهٔ پیژنی،ځکه چه خُدائے مینه دے.

مینه د خداې د طرفه راځي

ځکه مونږ ته مینه د خداې د طرفه راځی اومونږه مینه هم واپس هغه له ورکوو.

- لاسونه اوچت کړي که تاسو د خداې نه مینه وصولوې او بیا مینه واپس خداې له ورکړې.

مونږه د خداې نه مینه وصولوو او واپس یې خلقو ته ورکوو.

- لاسونه بره اوچت کړي لکه چې تاسو مینه وصولوې

ساده عبادت څهشے دے؟

- ستایل
  لاس ته پورته په صفت خدا

- نمونخ
  لاس په لاس نمونخ "په کلاسیکي هغه وویل" اړوي.

✋ زده کوې
لاس ورغوو مخ پورت که چیرې تاسو په یو کتاب لوستلو

✋ کړي
لاس حرکت او که چیرې تاسو د تخم ریزئ.

مونږه ساده عبادت ولې کوو.؟

مرقس ۱۲:۳۰-*تهٔ دَ مالِک دَ خپل خُدائے سره دَ ټول زړهٔ سره،دَ خپل ټول رُوح، دَ خپل ټول عقل اَؤ دَ خپل ټول طاقت سره مینه کوه.*

- د زده کونکو سره د ساده عبادت ایتونه دهراو کړې.د ساده عبادت هره حصه مونږ ته ډیر اهم حکم تابعداری راکوي کومه چې په ۱۲:۳۰ کښې ذکر شوي ده.
- د دی سبق مقصد د ساده عبادت مطلب دې. د زده کونکو سره د لاسونو حرکات څو ځل دهراو کړی.مونږه د خداې سره د زړه نه مینه کوو ځکه د هغه تعریف کوو. مونږه د خداې سره د روح نه مینه کوو ځکه دعا کوو. مونږه د خپل ذهن نه د خداې سره مینه کوو ځکه مطالعه کوو.

موړ دي.   له دي امله موړ دي.   لاس حرکتونو

خداي مينه له تولو زړه	تعريف	لاس په لاس و کړلي زړه او له هغي وروسته په لويي لاسونه پورته کړي.
خداي مينه سره زموږ تول اروا	دعا	لاس څندو ته غوټه لاس او له هغي وروسته په کلاسيکي نمونځ اړوي.
خداي مينه له تولو په	مطا لعه	و لاس په سر د ښي، چې که فکر او له هغي وروسته و ورغوو مخ پورتې د که چيرې تاسو لوستلو. يو کتاب
خداي مينه سره زموږ تول توان	حصه کوي، چې موږ ته زده کړي دي (عمل)	و د وسلو د غړيو او کړي، نو و په پور تخمونو.

ځومره خلک دا کار ته بوزي بندی کوم عبادت؟

متی ۱۸:۲۰- *ځکه چه دوه يا درے تنه چه چرته هم زما په نُوم يو ځائے شی نو زَهٔ به دَ دوئ په مينځ کښے يم".*

ځومره کسان په ساده عبادت کښې حصه اخلی.؟عيسی دا وعده کړې چرته چې دوه (۲) يا دری (۳) ذکر کوونکي يي هغو سره به زه هم يم.

د حافظی ایت

یوحنا ۱۳:۳٤،۳٥ - *زهٔ تاسو ته نوے حُکم درکوم.*
دَ یو بل سره مینه کوئ،لکه چه ما تاسو سره مینه
کړے ده دغه شان تاسو هم دَ یو بل سره مینه
کوئ. که تاسو دَ یو بل سره مینه کوئ نو بیا به
ټول په دے پوهه شئ چه تاسو زما مُریدان یئ."

- ټول پاسئ او بوځای د حافظی د ایت لس (۰۱) ځل تلاوت وکړی. وړومبی شپږ ځل د انجیل نه وکړی او بیا ځلور ځل په یادو وکړی. زده کونکي د هر ایت سره حواله هم بیان کړی.او کله چې ختم شي نو بیا دې کیني.
- دی سره به تربیت ورنکو ته پته لګي چې چا د عمل په وخت کښې ایت ختم کړی وو

عمل

- زده کونکو ته اووایه چې یو بل ته مخ کړي د عمل په وخت کښې. ملګري دوانړه یو بل ته سبق اوښاې. په ګروپ کښې مشر کس لیډر وي.
- په صفحه ۱۲ باندې د تربیت ورکونکو تربیت پیروي وکړې.
- په دې خبره زور ورکړه چې څنګه د مطالعې په وخت کښې هر څیز زده کړودغه شان دلته هم زده کړئ.تپوس تری وکړه. یو ځای تلاوت وکړې او د سوالونو جوابونه ورکړې څنګه چې ما تاسو سره اوکړه.
- کله چې ملګري یو بل له تربیت ورکړو ورته اووایه چې بل ملګری اوګوري او هغه له تربیت ورکړي. زده کونکو ته اووایه چې داسې کس ته تربیت ورکړي کوم چې تربیت دپاره نه دې راغلي. د داسې کس دپاره لږ سوچ وکړې کوم له چې په تاسو تربیت ورکوې او نه راغلي نه دې.د دغې کس نوم د دی سبق په شروع صفحه ولیکې.

اختتام

ساده عبادت

- زده کونکي د څلورو (۴) په ګروپ کښې تقسیم کړي.هر یو ګروپ له یو(۱) منټ ورکړې چې خپل ګروپ له نوم ورکړي.
- په کمره کښې چکر اوواهه او هر ګروپ ته تپوس اوکړه چې ماته د خپل ګروپ نوم اووایه.
- زده کونکو سره د ساده عبادت نکات مختصره جایزه واخله. ورته اووایه چې اوس به یو ځاې د ساده عبادت عمل کوو.
- هر یو کس به په ساده عبادت کښې د یوې حصې مشري کوي.مثلاً یو کس به د تعربف د وخت مشري کوي. بل د مونځ د وخت، بل د مطالعې د وخت او بل د عمل د وخت.
- ګروپ ته اووایه چې په ارام سره ساده عبادت کوي ځکه چې په خوا کښې به بل ګروپ هم لګیا وي. ګروپ ته رایاده کړه چې د انجیل تبلیغ مه کوې صرف یې بیان کوې.د مطالعې مشر ته اووایه چې د خداې د محبت یوه قیصه بیان کړي.د سخي ځوي قصه به ښه وي. که چرته زده کونکو ته پته نه لګي چې د کوم قصه بیان کړو. د مطالعې مشر به بیا درې تپوسونه اوکړي.

1. دا قصه د خداې باره کښې څه واې
2. دا قصه د خلقو باره کښې څه واې
3. دا واقعه به زما څنګه مدد اوکړي چې د عیسی پیروي وکړم.

- د عمل مشر به بیا د انجیل قصه بیان کړي.او بیا هم هغه تپوسونه اوکړي کوم چې د مطالعې مشر کړي وو.او ګروپ ټول سوالونه بیا تبصره کړي.

بنیادی راہبان جوړول

دا ستا دپاره ولې اهم ده چې د راهِبانو ګروپ شروع کړې؟

ګډې او ازمرې ☙

- بیان کړه چې دا کمره د ګډو فارم دې. یو رضاکار ته اووایه چې د ګډو محافظ شي. (ګډبه). درې رضاکارو ته اووایه چې ازمري شي.د وسه پورې هر یو ګډه ده. د دې لوبې مقصد دا دې چې ازمري څومره ډیرو ګډو له نقصان ورکولې شي ورديګي. که چرته محافظ ازمري سره لاس ولګوي نو ازمري به هغه راګیر کړي او مړ به یې کړي.که چرته یو ازمرې ګډو ګیره کړي نو ګډه به جګهړه وکړي او زخمي به شي.محافظ به هم زخمي شي که چرته دوه (۲) یا درې (۳) ازمري په یو ځاې راشي.که چرته یو ملګرې زخمي یا مړ شو نو هغه د ډرامې نه بهر شو.
- ګروپ ته اووایه چې کتابونه، پنسلې او نور ضروري څیزونه اخوې کړي مخکښې د هغې نه چې هغو شروعات وکړي.
- تاسو کښې به بعضې چغې وهي او دا ښه خبره ده. دریو (۳) پورې حساب اوکړه او وایه ځه.لوبه تر هغې وخته پورې جاري وساته ترکومې چې ټول ازمري مړه شي یا ګډې زخمي شي.ضروري نه ده چې ټولې ګډې زخمي شي. محافظ هم زخمي کیدې شي.
- ګروپ ته اووایه چې تاسو به لوبه اوس بیا کوي. دا ځلې پنځه اضافي محافظان واخلې او هم هغه شان درې (۳) ازمري واخله. هر یو کس یوه ګډه ده.ګډو ته اووایه چې د محافظ خواته ګرځي چې ښه حفاظت یې وشي. درې (۳) پورې اوشماره او اووایه ځه.. .
- لوبه هغې وخت پورې جاري وساته ترسو چې ټول ازمري مړه شي او یا ټولې ګډې زخمي شي.پکار ده چې ټول ازمري زر مړه شي. یو څو ګډې هم زخمي کیدې شي.دا یو تصویر دې چې ولې مونږ. ته د ډیرو ګروپونو او چرچونو ضرورت دې.د وړومبې لوبې مثال داسې دې لکه چې یو راهب د خپل ټول چرچ حفاظت غواړي. او غواړي چې د خلقو تعداد زیات شي.د شیطان دپاره دا ډیره اسانه ده چې راشي او خلقو ته نقصان ورسوي.په دویم لوبه کښې روحاني مشران خپل هغه

محبت

تولګي کوم چي په تعداد کښي لږ وو.د دي وجي نه شيطان او د هغه ملګري د دي قابل نه وو چي ګډي یي زخمي کړي وي.

عيسی ډير ښه ګډبه دي، هغه د ګډو دپاره خپله زندګي ورکړه.مونږ هم روحاني ګډبه يو او پکار ده چي خپلي زندګئ ورکړو.خپل وخت،خپل عبادت او خپله توجه هغه کسانو له کوم چي زمونږ ګډي دي.کوم چي زمونږ نه د عيسی باره کښي زده کول غواړي. ځکه پکار ده چي مونږ ښه ډير يو او په په يو وخت. صرف عيسی هر ځای کښي موجود دی. دا دويمه وجه ده چي مونږ له د نورو تربيت پکار دي چي هغو مخکښني نور تربيت کړي. او ځکه چي ټول د يو بل بوجه برداشت کړي او د عيسی قانون پوره کړي

٤

دعا

دعا د عیسی تعارف د یو مقدس په طور کوي.هغه مقدسه زندګي تیره کړي وه او زمونږ دپاره په صلیب مړ شو.خدای مونږ ته حکم کوي چې بطور راهِبان مونږ د عیسی تابعداري وکړو.یو راهب د خدای عبادت کوي مقدسه زندګي تیره وي او د نورو دپاره دعا کوي. د عیسی تابعدارۍ وکړې لکه په مونځ کښې مونږ د خدای تعریف کوو. په خپلو ګناهونو ښپې مانه کیګو. خدای ته د خپلو ضرورتونو وایو او کوم څه چې هغه مونږ ته وای کوو یي.

خدای په څلورو طریقو سره زمونږ د دعا جواب ورکوي. نه (که چرته مونږ غلطی ارادی سره غواړو) په مزه (که چرته وخت صحیح نه وي) غتیدل (د جواب ورکیدو نه مخکښې مونږ پخیدل غواړو) څه (چې کله مونږ د هغه مطابق دعا اوغواړو) زده کونکو له پکار دې چې د خدای ټیلی فون نمبر محفوظ کړي. ٣٣٣ د کوم بنیاد په جیریمیه ٣:٣٣ دې او خدای ته روزانه کال کوې

تعريف

- چا ته اوواته چي د خداې د موجودګئ او رحمت دپاره دعا اوکړي.
- بيا دوه مقدسي ګاني اووايه

دعا

- زده کونکي په داسي جوړو کښي تقسيم کړی چي مخکښي نه وي ملاو شوي.
- هر ملګرې د خپل ملګری سره د دې سوالونه مشق کوي.

1. څنګه به مونږ د هغه کسانو دپاره دعا وکړو کوم چي ورک شوي دي
2. څنګه به مونږ د هغه ګروپ دپاره وکړو کوم له چي تربيت ورکوې.

- که چرته يو ملګري لا د تربيت کار نه وي شروع کړې نو هغه له دعا وکړې چي هغو صحيح کار شروع کړي.
- ټول ملګري دې يو ځاې دعا وکړي

مطالعه

د ټيلي فون لوبه ☙

کله تاسو د ټيلي فون لوبه کړي ده.؟

- اووايه چي ته به خپل خوا کښې کس ته څه خبره کوي او بيا يي خپل مخکښي خوا کښي کس ته کوي.هر کس د مخکښي کس په غوږ کښې پوس پوس کوي. هر هغی چي ټوله دايره کښي خبره راتاو شي.

- اخری کس به خبره واوروي. بیا به ته خبره اوکړی چې تا په اول ځل اوریدلی وه. او بیا به ټول خپله خبره د هغی سره اوګوري. یوه خبره خوښه کړه کومه چې لګه بېوقوفه شان وي. بیا د هغې دوه حصې کړه دا لوبه دوه (۲) ځل اوکړه. مونږ د خدای باره کښې اکثر خبری اورو.خو مونږ اکثر هغه سره براه راست خبری نه کوو.زمونږ په لوبه کښې که چرته تاسو ما ته تپوس اوکړو چې ما څه ویلي دي دا به زما دپاره مشکله نه وي چې ځان پری پوهه کړم. کله چې ته خبره واوری کله چې هغه د ډیرو کسانو تیره شي نو امکان دې چې غلطي پکښې راشي. دعا روحاني زندګي کښې ډیره اهمه ده.ځکه چې دا براه راست د خدای سره خبری کول دي..

جایزه

د هرې جایزی سیشن یو شان وي. زده کونکي ودراوه او زده سبقونه ترې واوروه. پکار ده چې هغو د لاسونو حرکت هم کوي.

هغه اته (۸) تصویران کوم دي کوم چې د عیسي په تابعدارئ کښې زمونږ مدد کوي؟

سپاهي .محنت کونکي. ګډبه. زمیدار. ځوي راهب. مقدس. ملازم فورمین.

ضرب

هغه څه چې درې شیان لري یو صاحب کار؟
هغه څه چې د خدای ته د لومړی سړی دی؟
هغه څه چې د تېرې عیسي ته سړي دي؟
زه به څنګه وي او میوه داره ضربوي؟
هغه څه چې د نومونو د دوه سیندونه د اسراییلو کې واقع ده؟
ولې هغوی له دې امله بېلا بېلو؟
چې ته غواړې چې ته د؟

محبت

هغه څه چې درې شیان لري یو شپون؟
هغه څه چې تر ټولو مهم دی ته نور تعلیم؟
مینه لري، چې له دي؟
عبادت ساده ده، چې څه دي؟
ولې موږ عبادت ساده؟
څومره خلک دا کار ته بوزي بندی کوم عبادت؟

عیسی د څه په شان دې؟

لوقا ٤:٣٣،٣٥ - *دلته په عبادت خانے کښے یو سړے وُو چه پیریانو نیولے وُو. هغۀ په زوره چغے کړلے، "تۀ زمُونږ نه څۀ غواړے اَئے عیسیٰ ناصری؟ تۀ راغلے چه مُونږ هلاک کړے څۀ؟ زَۀ دِ پیژنم چه تۀ څوک یئے تۀ دَ خُدائے قُدوس یئے." عیسیٰ هغه ورټلو اوٗ وئے وئیل چه" غلے شه اوٗ دَ دَۀ نه راوزه!" بیا پیری هغه سړے دَ خلقو په مینځ کښے په مزکه راوویشتو اوٗ بغیر دَ څۀ نقصان نه ئے هغه پریښودو*

عیسی د خدای مقدس دې مونږ. د هغه عبادت کوو هغه به خدای په مخکښې زمونږ ثالثي هم کوي. هغه غواړي چې مونږ د نورو ثالثي وکړو او یو مقدسه زندګي تیره کړو. عیسی مقدس دې مونږ. ته راهِبان ویلې شي

صاحب ولایت
لاس په لاس نمونځ کلاسیک آچول

هغه کوم دری (۳) کارونه دي چې راهب يې کوي؟

متی ۲۱:۱۲،۱٦- *عیسیٰ بیا دَ خُدائے کور ته ورننوتو اوٗ هغه ټول خلق چه دَ خُدائے په کور کښے ئے سوداګری کوله، هغه ئے وشړل اوٗ دَ صرافانو تختے اوٗ دَ کونترو دَ خر څوُونکو تختکۍ ئے په بل مخ واړولے، اوٗ ورته*

ئے ووئیل چه "صحیفے وائی چه : «زما کور به دَ دُعا کور شی،» خو تاسو ترے دَ ډاکوانو غار جوړوئ." دَ خُدائے په کور کښے ورته ړاندهٔ اؤ شل ګډ خلق راغلل اؤ دَهٔ هغوئ روغ کړل. کاهنانو اؤ دَ شرعے عالمانو چه دا نا آشنا کارُونه ولیدل چه هغهٔ وکړل اؤ دَ خُدائے په کور کښے دَ ننه ئے چه دَ ماشومانو دا چغے واؤریدے چه "دَ داؤد په زوی دِ ثنا وی،" نو هغهٔ ته ئے ووئیل چه دا ماشومان چه څهٔ وائی،ته ئے آؤرے؟" عیسیٰ جواب ورکړو چه " هو،زهٔ ئے آؤرم. آیا تاسو صحیفے نهٔ دی لوستے چه : «دَ وړو اؤ تی روډُونکو دَ خُلے نه تا ثنا کامله کړه« .

۱. راهب د خداې عبادت کوي.

مونږ د خداې عبادت داسې کوو څنګه چې ماشومان ګرجه کښې کوي.

۲. راهب مقدسه زندګي تیره وي

عیسی نه غواړي چې د خپل پلار کور په حسد سره ګنده کړي

۳. راهب نورو دپاره کوي

عیسی وویل خداې کور د عبادت دپاره دی.

عیسی مقدس دې او مونږه کښې اوسیږي که چرته مونږه د هغه تابعداری کوو نو مونږ به مقدس راهبان جوړ شو. مونږ عبادت کوو، مقدسه زندګي تیره وو او د نورو دپاره دعا کوو د عیسی په شان

نمونخ، چې څنګه موږ باید؟

لوقا ۱۰،۲۱-*هم په دغه وخت عیسیٰ په رُوحُ القُدس لویه خوشحالی وکړه اؤ عیسیٰ ووئیل،"ائے پلاره! دَ*

آسمان اَؤ مزکے مالکه! زَهٔ ستا شُکر کوم چه دا خبرے دِ دَ هوښيارانو اَؤ پوهانو نه پټے کړلے اَؤ ماشومانو ته دِ ښکاره کړلے. اَئے پلاره! دا ستا رضا وه.

تعريف

"د خدای عيسي و راغلم، په خوښي له امله او د هغه څه چې د خدای کله په نړی کی نه شته."

تعريف

عبادت لاس په پورته

لوقا ۱۸: ۱۰، ۱٤ -*"دوه سړی دَ دُعا دَ پاره دَ خُدائے کور ته لاړل،يو فريسی وُو اَؤ بل محصُولچی. فريسی ودريدلو داسے دُعا ئے وکړه،اَئے خُدايه! ستا شُکر دے چه زَهٔ دَ نورو خلقو په شان نهٔ خو حِرصناک،نهٔ بد ديانته،نهٔ زناکار اَؤ نهٔ لکه دَ دے محصُولچی په شان يم. زَهٔ په هفته کښے دوه ځله روژے نيسم اَؤ څهٔ چه گټم دَ هغے نه لسمه ورکوم. خو محصُولچی لرے ولاړ وُو اَؤ پاس آسمان ته ئے ونهٔ کتل خو خپله سينه ئے وهله اَؤ وئيل ئے،"اَئے خُدايه! په ما رحم وکړه! زَهٔ ډير گُناه گار يم! زَهٔ تاسو ته وايم چه هم هغه سړے دَ هغه وړُومبی نه زيات صادِق شوے کور ته بيرته لاړو،ځکه هر څوک چه ځان اُوچتوی،هغه به غريب کړے شی اَؤ څوک چه ځان غريبوی،هغه به اُوچت کړے شی".*

ښپی مانه کيدل

په دې قصه کښې عيسی د دوه (۲) کسانو مخالف دی کوم چې يو ځای عبادت کوي. کله چې يو دعا وکړه هغه تکبر اوکړو او ځان يې د گناهگار نه معتبر اوگڼو.کله چې ټيکس والا دعا اوکړه هغه د خداې په مخکښې عاجزي اوکړه او په گناه خفه شو.عيسی اوويل چې ټيکس والا خپلی دعا کښې خداې

خوشحاله کړو.د دی ښېی مانتیه نه مطلب دا دی چې ګناه نه توبه کول او بیا نه کولو اراده کول. ؛څوک چې ښپیمانه شي هغوی معاف کړې شو او خدای یې خوشحاله کړو

توبه کوې

- ورغوو دي د بهرنیو تورنیږي سر سره مخامخ و

⌖

لوقا۱۱:۹ اَؤ دغه شان زَۀ تاسو ته وایم چه وغواړئ نو تاسو ته به درکړے شی،ولټوئ نو تاسو به ئے ومُومئ،وډبوئ اَؤ دروازه به درته لرے کړے شی

سوال

کله چې د خدای مخکښې دعا وکړه او ښپیمانتیه یې وکړه اوس مونږ خدای ته د خپلو ضروریاتو وایو.ډیر خلق دعا داریکټ د غوښتلو نه شروع کړي دا ګستاخي ده. د خدای دعا مونږ ته دا وای چې په تعریف سره شروع وکړه (میتیو ۶:۹) او بیا اوغواړه

سوال

- لاس ته پیاله

⌖

لوقا۲۲:۴۲ -*"اَئے پلاره! که دا چرے ستا رضا وی نو دا پیاله له مانه لرے کړه خو زما رضا نه،ستا رضا دِ پُوره شی".*

ادا کول

په صلیب تلو نه مخکښې په عیسی باندې ډیرذهني تکلیف تیر شو د جیتسیماني په باغ کښې.بیا هم هغه وویل چې زما نه ستاسو خوښه به کیږي. د خداې نه د غوښتو نه پس مونږ د هغه اورو او بیا هغه څه ادا کوو کوم چې هغه زمونږ نه غواړي.

خداي له موږ څخه پوښتنه- ادا کول
نمونځ په لاس پر سینه او په ادب ته اچولي

یوځاې دعا

- عبادت وخت کښې د ګروپ مشري اوکړه او څلور حصې ادا کړه.یو وخت کښې یوه حصه.
- د تعریف وخت کښې به هر یو په تیزه دعا کوي او د غوښتنې وخت کښې هم. د ادا کولو او ښپیمانتیه وخت کښې په قلاره دعا اوغواړئ.تاسو ته به پته اولګي کله چې وخت پوره شي کله چې زه اویم. او د خداې تولو خلقو اوویل آمین.
- زده کونکو ته اووایه چې لاسونه اوخوزوي. کله چې دعا کوي نو دوي ته پته لګیدل پکار دي چې دی وخت کښې مونږه کم عمل کوو

به څنګه د ایالتونو د خدای ځواب؟

متی۲۰:۲۰،۲۲ -بیا دَ زبدی دَ زامنو مور دَ خپلو زامنو سره ورغله،په سجده ورته پریوته اَؤ سوال ئے ورته وکړو. عیسیٰ ورته ووئیل،"تهٔ څهٔ غواړے؟ "هغے ورته ووئیل چه "زهٔ دا غواړم چه ستا په بادشاهئ کښے دِ زما دواړه زامن ستا په څنګ کښے ناست وی، یو ستا ښی لاس ته اَؤ بل ګس لاس ته" عیسیٰ هغه وُرونو ته مخ وروګرځوو اَؤ ورته ئے ووئیل، "تاسو چه څهٔ غواړئ په هغے نهٔ پوهیږئ. ګوم دَ مُصیبتونو کندول چه زهٔ

ئے څښونکے یم آیا تاسو به هغه وڅښلے شئ؟ "هغوئ جواب ورکړو چه " هو،مُونږ ئے څښے شُو".

نه

د مور او د جیمز جان څخه پوښتنه وکړه چې د خپل زامن عیسي د ټولو ممتاز په لوړو دولتي څوکیو د پاچاهۍ په عیسي. غرور او د برښنا وتښتول شوه. عیسائ هغې ته وویل، چې هغه به د هغې غوښتنه نه ور له امله د هغه پلار، چې واک ولري. خداي د نه وایي، چې هغه مهال چې مور غواړو د ناسم.

نه-مور د ناسمو.
اشاره سر پي آر د خبریال په نښا ګډوم

لوقا ۱۱:۱۱،۱۵ *دَ دے وئیلو نه پس عیسیٰ ووئیل چه"زمُونږ آشنا لعزر اُودهٔ پروت دے خو زهٔ ورځم چه راویښ ئے کړم." مُریدانو ووئیل،"مالِکه! که چرے هغه اُودهٔ وی نو هغه به روغ شی." عیسیٰ دَ هغهٔ دَ مرګ خبره کوله خو دَ هغوئ دا خیال وُو چه ګنی دا دَ اُودهٔ کیدو خبره کوی. بیا عیسیٰ صفا ورته ووئیل،"لعزر مړ دے. دا ښه ده چه زهٔ هلته نهٔ وم په دے چه تاسو ایمان راوړئ. خو راځئ چه هغهٔ ته ورشُو".*

سست کاری

و شناخت لري، چې کله عیسي، او هغه ته یې د هغه معالجه او. خو د عیسي تر مړ شو، ځکه چې هغه غوښتل چې د کار په ډېره حشر. و شناخت لري، چې دا به عیسي په ډېره باور او که خدای ته مخ ګل یو ځل بیا دي. صبر کله ناکله مور باید له دې امله د حق نه هغه وخت.

بنیادی راهبان جوړول

سست کار ته اړتیا په انتظار کې د خدای او وغزیږي. نه د خپلو
و لاس پوري په څېړ یو موټر عملیات دي.

⌖

لوقا ۹:۵۱،۵۶ هر کله چه هغه رانزدے شو چه عیسیٰ پاس آسمان ته بوتلونکے وُو نو هغهٔ بیتُ المُقدس ته په پخه اِراده مخه وکړه. اَؤ دَ ځان نه ئے وړاندے استازی واستول. هغوئ لاړل اَؤ دَ سامریه یو کلی ته ورغلل چه دَ هغهٔ دَ پاره تیاری وکړی. خو دَ کلی خلقو هغه قبُول نهٔ کړو چه دَ هغهٔ مخه دَ بیتُ المُقدس په لور وه. هر کله چه دَ هغهٔ مُریدانو یعقوب اَؤ یوحنا دا ولیدل نو وئے وئیل،"مالکه! مُونږ دَ آسمان نه دَ دے کلی دَ سوزولو دَ پاره اور غواړُو څهٔ؟" خو هغهٔ ورته مخ ور واړَوو اَؤ وئے رټل. نو بیا هغوئ بل کلی ته لاړل.

توکیږي

هغه مهال چې د کلي عیسي، نه و ، او ښه راغلاست جان غوښتل یې د ټول کلي اور سره دي. و نه غوږېدله د مریدانو عیسي د دفتر: هغه ته خوندي نه، ته زیان ورسوي. تو د مرېدان یې یو شمېر ته نه! په ورته ډول د هغه مهال چې موږ څخه د شیانو چې موږ ته اړتیا لري، په ربښتیا سره په نه لري او یا به یې د امریکا د متحده ایالتونو او یا په پره سره نه د دفتر د خپل ژوند پر مخ بیایو، هغه نه یې. هغه وایي، موږ ته اړتیا لرو

توکیږي -خداي د غواړي چې د امریکا د متحده ایالتونو ته په یوه سیمه ده.
تو بهرلیکه بوتو لاس.

⌖

یوحنا ۱۵:۷که تاسو په ما کښې اوسئ اَوْ زما
خبرے په تاسو کښے اوسی نو چه تاسو څۀ غواړئ
دَ هغے خواهش کوئ اَوْ زَۀ به ئے درکوم.

پند کوي

پیروي کله چې موږ عیسي او د هغه عبارت، موږ کولای شو د (ج) ځخه د شیانو ته اړتیا لرو او موږ په دې ټینګ باور لري، چې هغه به یې. الله وايي، هغه وايي: هو ! پند کوي! تاسو کولای شي چې دا لري

تمنا- موږ لاړو د وینا له مخې د هغه به او هغه وایي، هغه وایي: هو دي.
☟ "د سر اشاره چرت «هو» په لاس او روان اشاره کوي، هغه وایي: ".

د حافظی ایت

لوقا ۹:۱۱ اَوْ دغه شان زَۀ تاسو ته وایم چه وغواړئ نو تاسو ته به درکړے شی،ولټوئ نو تاسو به ئے ومُومئ،وډبوئ اَوْ دروازه به درته لرے کړے شی.

- ټول پاسئ او یوځای د حافظی د ایت لس (۰۱) ځل تلاوت وکړې. وړومبي شپږ ځل د انجیل نه وکړی او بیا ځلور ځل په یادو وکړې. زده کونکي د هر ایت سره حواله هم بیان کړې.او کله چې ختم شي نو بیا دي کیني.
- دی سره به تربیت ورنکو ته پته لګي چې چا د عمل په وخت کښي ایت ختم کړی وو

عمل

- زده کوونکي ته غواړې د خپلو نمونځ شریك سره مخامخ د دې غونډې کړي. نه سبق شریک مخه کوي. د یو بل

پہ دې جوړې به د مشر دی.

- د روزنې بهیر روزونکو په مخ په 21 نېټه ده.
- ټینګار کوي، چې تاسو غواړي چې هغوي ته د هر څه په زده کړې." هغه وایي: ((د څانګې ته لاره.

د پوښتنو په ځواب دکتابو، د تر پوښتنې لاندې نیسي، چې زه هم و .

- په ورستو روزنه د زده کوونکي و کړې دي له هغه څخه د یو بل په پیدا کولو او د عمل یو ځل بیا دي. زده کوونکي چې غواړي د یو چا چې دوی به له بهر څخه دا سبق دي. د روزنې

و نه هغه وویل: په اړه سوچ وکړي څو شیبې د چا په دې تعلیم تاسو کولای شي چې د سبق بهر د دغه. تحریر، چې د نوم په لومړي سر کې د لومړی پانه د دي.

اختتام

د تلیفون شمېره ☙

”تاسو ته معلومه ده د تلیفون شمېره؟ دا 3-3-3“

جرمیح ۳:۳۳- د ندا او زه به خبره غبرګوي او زه به تاسو زوري او قوی چې نه پوهیږي چې تاسو

"دادمن کړي چې هغه ته هره ورځ ده. سماعت کیږي هغه ته سترګې په لار له تاسو سره ډېره مینه لري او خبرې هغه ماشومان"

لاس دوه لس ګوتو ☙

- لاس لرل دوه

"دوه دوله دي چې موږ د خلکو لپاره هر ورځ: د دعا باید وروړانو او ناویساوو."

"دعا موږ چې دوی به تعقیبوي عیسي او نور وروزم ته هم دي. دعا موږ ناویساوي، چې هغوی به په قبضه رسیدلو مسیح"

- زده کوونکي ته غوره دم دلاسا پنځه تنه د بني لاس، چې د دوی په دي. تر اوسه نه وروړانو دعا ګذران د هغوی پلویان د عیسی په دي.
- کینږ وروړانو، زده کوونکي وي دوی پوهیږي چې د روزلو لپاره په عیسي کولای شي. دعا ګذران ته دا ووران عیسي د خپل زړه دي.

٥

فرمان برداري کوي

په ځاي شان همکارانو زده کړیانو ته ماته یسوع د یو مامور: د حکومتي مامورینو له خلکو سره مرسته کوي. هغوی باید د خاك سارو زړه، او دوی په ځاي د هغوی استاد دی. په همدې ډول خدمت عیسي او د خپل پلار، موږ اوس او خدمت عیسي. د ټولو د هغه له موږ سره څلور امرونه مني، مریدانو: ولاړ، د غیپه اطاعت وکړي او دوی ته امر ټول هغه دي. عیسائ هم ژمنه وکړه چې هغه به تل سره وي. هغه مهال چې عیسي امر ورکوي، موږ باید دا فرمان برداري د ټولو وخت کې له تر لاسه کولو وروسته سمدلاسه د زړه، او له میني.

طوفانونه په ژوند کي د هر چا ته سولمنی غښتلی کوی، خو د فرمان برداري عیسي د خپل ژوند د بې عقله انسان فرمانونه نه لري. و لاس پورې په پای کې زده کوونکي ته لار هواره کړې ده په 92 نیټه نقشه، د خپل یو انځور، چې د هغوی برخه د حاصل د ټولولو پر سر په پای به د شاګردئ.

تعريف

- چا ته اوواته چې د خداې د موجودګئ او رحمت دپاره دعا اوکړي.
- بيا دوه مقدسي ګاني اووايه

دعا

- زده کونکي په داسې جوړو کښې تقسيم کړی چې مخکښې نه وي ملاو شوي.
- هر ملګرې د خپل ملګری سره د دې سوالونه مشق کوي.

۱. څنګه به مونږ د هغه کسانو دپاره دعا وکړو کوم چې ورک شوي دي
۲. څنګه به مونږ د هغه ګروپ دپاره وکړو کوم له چې تربيت ورکوی.

- که چرته يو ملګري لا د تربيت کار نه وي شروع کړې نو هغه له دعا وکړې چې هغو صحيح کار شروع کړي.
- ټول ملګري دې يو ځاې دعا وکړي

مطالعه

د چرګانو فنکي! ☙

"زه به يو څه وکړو نن زه هيله ده چې هېڅکله هم دي. په يوې دايرې په منځ کې دريدل او په. زه غواړم چې تاسو ته څه چې مې تقليد ته څه نه"

- سير د لومړي ځل، په لاس ساده حرکتونه، چې هرڅوک شي. اړړمي ترق، شامل مثالونه ستاسو بارخو سوده، ستاسو

ځنګوېږدئ او داسې نور، آهسته نه يې او هر څوک کولای شي چې په دي.

هغه وويل: "دا په اسانه؟ د څه له پاره او يا ولې؟

هغه وويل: "دا په 53 کړم، ځکه ما هر څه په هکله و. اوس، زه غواړم چې تاسو ته يو ځل بيا زما نسخې. صرفه نه کوې، د هر ډول زه دا کارد دوهم ځل

- وويل، چې د ښيي حرکتونه د چرګانو د ، جان کوي، او د لونيړ په درګي دي.
- ليوني و خپل پيچ، اتڼ شي، چې څوک دي. تقليد يو شمېر به هڅه وکړي، خو د زياترو تاسو به يوازې خندل او وايي، دا ناشوني ده.

هغه وويل: «دا زما په اسانه هغه وخت دی؟ د څه له پاره او يا ولې؟

هغه وويل: "موږ ته لوست آسانه دي، چې سرچنې ښووني دي. هغه مهال چې موږ بايد تعليم، تاسو ته په دې توګه به يي نور وروزم کولای شي چې نور وروزم دي. سبق و هم هغه مهال چې پيچ ونده نه شي کولای، نو خلکو ته دا دي. نور هغه مهال چې تاسو ته د زده کړې زمينه عيسي، چې هغه چې خلک ونده ساده لوست زده کولای شي او راته نور دي. موږ غواړو چې د هغه ته عيسي نور وروزم توګه هغه مهال چې موږ."

جايزه

د هرې جايزې سيشن يو شان وي. زده کونکي ودراوه او زده سبقونه ترې واوروه. پکار ده چې هغو د لاسونو حرکت هم کوي.

هغه اته (۸) تصویران کوم دي کوم چې د عیسی په تابعدارئ کښې زمونږ مدد کوي؟

سپاهي .محنت کونکي. ګډبه. زمیدار. څوي راهب. مقدس. ملازم .فورمین

ضرب

هغه څه چې درې شیان لري یو صاحب کار؟
هغه څه چې د خداې ته د لومړی سړی دی؟
هغه څه چې د تېرې عیسي ته سړي دي؟
زه به څنګه وي او میوه داره ضربوي؟
هغه څه چې د نومونو د دوه سیندونه د اسراییلو کې واقع ده؟
ولې هغوی له دې امله بېلا بېلو؟
چې ته غواړې چې ته د؟

محبت

هغه څه چې درې شیان لري یو شپون؟
هغه څه چې تر ټولو مهم دی ته نور تعلیم؟
مینه لري، چې له دي؟
عبادت ساده ده، چې څه دي؟
ولې موږ عبادت ساده؟
څومره خلک دا کار ته بوزي بندئ کوم عبادت؟

دعا

هغه څه چې درې شیان لري د ابدال؟
نمونځ، چې څنګه موږ باید؟
به څنګه چې موږ د خدای خبره؟
هغه څه چې د خدای د تلیفون شمېره؟

عیسی د څه په شان دې؟

مرقس ۱۰:٤٥ څکه چه اِبن آدم هم دَ دے دَ پاره
نۀ دے راغلے چه خدمت واخلی بلکه دَ دے دَ پاره

راغلے دے چه دَئے دَ نورو خدمت وکړی اَؤ چه خپل ژوندُون دَ ډيرو په بدل کښے په فديه ورکړی."

"عيسائي يو مامور دی. په جوش د عيسی ته د خپل د خپل پلار د انسانانو لپاره ژوند"

مامور
په پلمه چټکه

کوم درې څيزونه يو ملازم کوی؟

فيليپيانو ۲:۵،۸- هم هغه شان څوئ لرئ لکه څنګه چه دَ مسيح عيسیٰ وُو. هغه اګر که دَ خُدائے په صُورت وُو دَ خُدائے سره برابريدل ئے په قبضه کښے دَ ساتلو څيز ونۀ ګڼلو. بلکه خپل ځان ئے دَ هغه ټولو اِختيارُونو نه خالی کړو اَؤ دَ غُلام شکل ئے اِختيار کړو،اَؤ دَ اِنسان په شان شو. اَؤ په اِنسانی جُسه کښے ښکاره شو،خپل ځان ئے عاجز کړو اَؤ دومره تابعدار شو چه مرګ،بلکه دَ سولئ مرګ ئے وزغملو.

۱- خاصه ور دارانو نورو سره مرسته

عيسائي ووژل شول چې له موږ سره مرسته وکړي د بېرته راتګ د خداې د کورنۍ

۲- خاصه ور دارانو لري يو متواضع زړه
۳- فرمان برداري ماستر د حکومتي مامورينو

"عيسائه د پلار دي. موږ بايد خپل باداريې فرمان برداري"

عيسائی له خوا له موږ سره مرسته وکړه په صليب ساه. زموږ د سر ګردان هغه ځان او د خپل فرمان برداري تل د خپل پلار دي. عيسائي يو مامور او په کې اوسيږي. موږ د

هغه د وي، موږ به هم، چې دي. موږ به نورو سره مرسته
کړې او زړه، فرمان برداري خاك ساري زموږ استاد عیسي

دی چې د نړی په واک کې تر ټولو لوړه

متی ۱۸:۲۸- بیا عیسیٰ ورغے اَؤ خبرے ئے ورسره وکړے اَؤ ورته ئے ووئیل چه"دَ آسمان اَؤ دَ مزکے ټول واک ما ته راکړے شوے دے.

عیسائي د واک په جنت کی تر ټولو لوړه کچه او په ځمکه. هغه په دې د واك د خپل پلار او مور، استادان، او حکومتي چارواکي دي. په حقیقت کې هغه د واك لري او هر څوک په پرتله له واک پر مځکه و. ، ځکه هغه د هغه تر ټولو واکمن ورکوي، چې د امریکا د متحده ایالتونو د امر، موږ باید له یو بل ته د هغه اطاعت

هغه څه چې څلور فرمانونه عیسي ده هر ورور

متی ۲۸:۱۹،۲۰- ځکه تاسو په مزکه خوارهٔ شئ اَؤ ټول قومُونه زما مُریدان کړئ اَؤ دَ پلار،دَ زوئے اَؤ دَ رُوحُ القُدس په نامه ورته بپتسمه ورکړئ. اَؤ دا تعلیم ورکوئ چه په هغه ټولو خبرو عمل کوئ چه ما تاسو ته حُکم کړے دے.

پند کوي

- وړاندي تګونه حرکت ګوتو

مریدان کوو

- په څلور عبادت لاس حرکتونه له: ساده زده کړې ته دعا کوم، کړې

غوپه کوي

✋ ستاسو په خپل لاس و کړلو نورو ځنګوپړدي ،
د ځنګوپړدي او څکه د که یو څوک دی غوټه و
ورکوئ

فرمان برداري دوی ته د هغه د

✋ لاس په توګه که چیرې تاسو لوستلو یو کتاب کې،
او له هغې وروسته د هغه وویل: د کتاب ښي لاس د
خلکو تعلیم که چیرې تاسو

فرمان برداري، چې ځنګه موږ باید؟

زه غواړم چې درې نقلونه چې د هغه انځورونه د خدای
عبادت له موږ ځخه اخلي. و هنده رسیدي نظر بند ته غوږ
ونیسئ. له دې امله چې ویې کولای شي چې تاسو ته ستاسو د
تعلیم د لوست لپاره په یو څو شیبې

هر وخت

د هغه د زوی دی ته وویل هغه به د هغه اطاعت هره میاشت
د روان کال د پرته له یو. په دې میاشت کې هغه به څه و
سپلوي لري هغه د شرابو کې ښوونځي ته تګ مخه، او داسې
نور، د نشه ای توکو په څه فکر کوئ؟ د ابك وویل،

د همدې هلک دی، د هغه ته وویل زه هره اوونۍ ته اطاعت
به د روان کال د یوې اوونۍ لپاره د، خو زه به څه هیله
لري.» د، د نیشه یي توکو له کور او داسې نور،) څه فکر
کوئ چې د ابك؟

هغه وويل: "له هغه وروسته د دغه هلک، وويل، چې تاسو به اطاعت کوي هره ورځ د روان کال پرته له يو. ، چې يوه ورځ په زه به زه غواړم، چې واده." د وژلو، او نور څوک د څه فکر کوئ چې د ابك؟

موږ خپل ماشومان د ټولو اطاعت وکړي. په همدې ډول د هغه مهال چې عيسي ورکوي، چې د امريکا د متحده ايالتونو د هغه ايالتونو د هغه اطاعت 130 ټول د وخت د

هر وخت
👋 ښي لاس حرکت چپې خوا له خوا د ښي

دم در حل

د نجلۍ مين، چې د هغې مور ډېر زيات دی. د هغې مور و ډېر ناروغه او په اړه ده. د هغې مور څخه پوښتنه وکړه، (لور، ماته د شرابو.» د اوبو د لور وويل، «هو، زه به د، لنډ مهال) په راتلونکي اوونۍ آي به.» هغه څه چې د مور وويل،؟

هغه وويل: «زموږ د ماشومانو ته انتظار موږ له تر لاسه کولو وروسته سمدلاسه فرمان برداري، نه د هغوی په اسانۍ. په همدې ډول د هغه مهال چې عيسي ورکوي، چې د امريکا د متحده ايالتونو د قوماندې د امريکا د متحده ايالتونو د هغه اداره له تر لاسه کولو وروسته سمدلاسه د هغه اطاعت نه، څه د راتلونکې په

دم در حل
👋 لاس ته حرکت په سر په ترازه حرکت

د زړه له مينې

په يو ځوان، چې غوښتل واده کړي. ما هغه ته وويل زه به د هغه د فرمان برداري ماشيني فووا، چې هر. هغه مهال چې له خپل کار څخه کور ته راغلم ماشيني فووا به ويل، د (له تاسره دومره سره مينه لرم. تاسو په شان سخت کار.» هغه زياته کړه: که له خپل ماشيني فو وا ښځه، چې څه وايي، چې هغه به تل په شي. هو، عسل تاسو د تر ټولو لويه سړي د نړۍ په.» تاسي څه فکر کوئ زما دوست په اړه فکر کولو د دغه ډول ښځي دي؟ تقليد د يو ماشيني فو وا کله چې تاسو ته وايي، د ماشيني فووا وايي، هغه څه دي.)

"موږ غواړو چې د مينه له يو زړه، نه له يو ماشيني فووا. موږ غواړو چې رښتيا سره مينه لري. په همدې ډول د خدای، چې غواړي له فرمان برداري ته د ايالتونو د زړه د مينې"

د زړه له مينې

لاس پر له کوره په لاسونه پورته ځي گر او له هغې وروسته د خدای په لويي

• دخوځلهدرپلاسحرکتونو

"عېسائو غواړي چې موږ ته د هغه اطاعت: ټول د وخت له تر لاسه کولو وروسته سمدلاسه د زړه له يو مينه"

"عېسائه ده. هره ورور خلور فرمانونه فرمان برداري، چې څنګه موږ بايد"

حکم هغه ته د ايالتونو

ورانديي تګونه حرکت ګوتو

فرمان برداري، چې ځنګه موږ باید؟

"د وخت کې له تر لاسه کولو وروسته سمدلاسه د زړه له یو مینه"

حکم هغه موږ ته مریدانو.

- په څلور عبادت لاس حرکتونه له: ساده زده کړې ته دعا کوم، کړې

فرمان برداري، چې ځنګه موږ باید؟

"د وخت کې له تر لاسه کولو وروسته سمدلاسه د زړه له یو مینه"

حکم هغه موږ ته د غوټه ورکوي.

- و حق ځنګوېږدي په ورغوي. د چپې خوا تکیه وهي او بیا حق هتېار و

فرمان برداري، چې ځنګه موږ باید؟

"د وخت کې له تر لاسه کولو وروسته سمدلاسه د زړه له یو مینه"

موږ هغه امر اطاعت وکړي دوی ته ته د هغه.

- لاس په توګه که چیرې تاسو لوستلو او یو کتاب کې، له هغې وروسته د هغه وویل: "د کتاب او په کې د یو که چیرې تاسو ته تعلیم

فرمان برداري کوي

فرمان برداري، چې څنګه مور باید؟

"د وخت کې له تر لاسه کولو وروسته سمدلاسه د زړه له یو مینه"

مور هغه امر اطاعت وکړي دوی ته ته د هغه.

- لاس په توګه که چیرې تاسو لوستلو او یو کتاب کې، له هغې وروسته د کتاب او په کې د یو که چیرې تاسو ته تعلیم

فرمان برداري، چې څنګه مور باید؟

"د وخت کې له تر لاسه کولو وروسته سمدلاسه د زړه له یو مینه"

نیټه و عیسي هر څه ورور

متی ۲۸:۲۰-*ا اَوْ دا یقین لرئ چه زَهٔ به تل تاسو سره یم،تر آخره وختـه پورے.*

"عیسائي تل له مور دي. هغه له مور دلته، چې اوس"

د حافظې ایت

یوحنا ۱۵:۱۰-*که چرے تاسو زما په حُکمونو عمل کوئ نو تاسو به زما په مینه کښے اوسئ لکه چه ما دَ خپل پلار په حُکمُونو عمل کړے دے اَوْ دَ هغهٔ په مینه کښے اوسم.*

بنیادی رابېان جوړول

- ټول پاسئ او يوځاې د حافظې د ايت لس (۰۱) ځل تلاوت وکړې. وړومبي شپږ ځل د انجيل نه وکړی او بيا څلور ځل په يادو وکړې. زده کونکي د هر ايت سره حواله هم بيان کړې.او کله چې ختم شي نو بيا دې کيني.
- دی سره به تربيت ورنکو ته پته لګي چې چا د عمل په وخت کښې ايت ختم کړی وو

عمل

- زده کوونکي ته غواړې د خپلو نمونڅ شريك سره مخامخ د دې غونډې کړي. نه سبق شريک مخه کوي. د يو بل

هغه وويل: "د وچتي په د جوړې به د مشر."

- د روزنې بهير روزونکو په مخ په 21 نېټه ده.
- تينګار کوي، چې تاسو غواړي چې هغوي ته د هر څه په زده کړې." هغه وايي: د ځانګې ته لاره.

د پوښتنو په ځواب دکتابو، د تر پوښتنې لاندې نيسي، چې زه هم و .

- د روزنې زده کوونکي و کړي دي، له هغه څخه يو بل ځای پيدا کړي او د نوي. يو ځل بيا کوې زده کوونکي چې غواړي د يو چا چې دوی به له بهر څخه دا سبق دي. د روزنې

ونه هغه وويل: په اړه سوچ وکړي څو شيبې د چا په دې تعليم تاسو کولای شي چې د سبق بهر د دغه. تحرير، چې د نوم په لومړي سر کې د لومړی پانه د دې

اختتام

د ودانی په رښتیا بنسټ ☙

- رضا کارانو لپاره درې غوښتنه د راتلونکو: دوه، د تر سره شي او يو ويونکي دي. د رضا کارانو په دوه مخي ته او د راوي ته د دي. د رضا کارانو د دوو تر سره شي.
- د راوي. مطالعه ته 24:7-25هغه وايي: د سولمنه د خپل کور جوړ جوتئي په."

متی ۷:۲۸،۲۵ - اَؤ هغه سړے څوک چه زما دا خبرے آؤری آؤ عمل پرے کوی،هغه به دَ هغه هوښيار سړی په شان وګڼلے شی چا چه خپل کور په يو مضبُوط ګټ باندے ودان کړے وو. اَؤ چه باران وشو، سيلاب راغے،ژُول تير شو اَؤ دَ دهٔ کور سره ئے ټکرے وخوړے، خو دا راپرے نهٔ وتو ځکه چه بنيادُونه ئے په يو مضبُوط ګټ باندے وو.

- په ورستو راوي د مضمون په تيريدو، چې څه وشول، چې د تشريح سولمنی، او د غږ په داسې حال کې چې په څېر شوړوله باد په سر د د رضا کارانو يو.
- مخ پټوم تر څنګ د اوبو په بوتل دي.
- د راوي مطالعه ته 7:26 په 27 نيتهد بي عقله انسان د ده کور جوړ کړي." د د شګو

متی ۲۷؛۷:۲۶- خو دَ هغه چا به څهٔ انجام وی چه زما دا خبرے آؤری آؤ عمل پرے نهٔ کوی؟ دَ هغهٔ مِثال دَ هغه ناپوهه سړی دے چا چه په شګو خپل کور جوړ کړے وو. باران ووريدو،سيلاب راغے،ژُول تير شو اَؤ دَ دے کور سره ئے ټکرے وخوړے اَؤ راپريوتو اَؤ برباد شو.

- د تشریح، نوعې او هر څه به په لنډ پوهې سړي، چې د یو غږ په څېر په داسې حال کې چې باد شوړوله په سر دوه د رضا کارانو دي. هغه باید غوزاریږي په پای ته د وایي، او د هغه د کور دی.

هغه وویل: "کله چې موږ د فرمان برداري فرمانونه عیسي، موږ د سولمن. هغه مهال چې موږ نه، موږ د لنډ پوهې سړی دی. موږ غواړو چې د خلکو موږ د هغوی د ژوند د مرکز د فرمان برداري عیسي فرمانونه دي. د خپلي یو تینګ بنسټ په ستونزو سره لاس او د ژوند

د باب ۲۹ نقشي- برخه۱ ☙

- له هغې وروسته په ربښتیا بنسټ ، یوه ټوټه هر زده کړې د کاغذ په پوستر کې لیکل شوي، قلمونه، پنسل رنګ، پنسلونه خادو، او داسې نور،
- تشریح کیږي، چې هر څوک یوه نقشه شي د په هغه ځای کې چې د خدای دی هغه او یا د هغې ته ولاړ شي. څو څو ځلې به یو، چې هغوی د روزنې په بهیر باندې کار کولای شي د نقشه. هغوی کولای شي چې په ترخ کې یې د مابنام د. دا نقشه چې د دوی د ریاست د عیسي د ټولو ته د نړی.
- زده کوونکي د غوښتنه یوه نقشه د خدای کې یي. نقشه د سړکونو وي، سیندونه، غرونه او داسې نور، زیاتره د نه پوهیږي، که زده کوونکي ته چې خدای چیرې دي ته هڅول، چې یوه نقشه، چې په کې شامل او ژوند، چېرته چې د کار، چې خلک د هغوی ته ارزښت. دا یوه ښه پیلیځ دي.

و امکان نقشه نبني

کور
د روغتون یو کلینیک ته
لوي ګندې
چرچ
کور چرچ
پوځي اډې
په جومات کې
د ښوونځي
بازار

زده کوونکیان خدمت ته ښه نقشي هغه مهال چې هغوی

- و نه طرح او دا نسخه د پاکو پاڼه د کاغذ. له هغې وروسته یې
- نه نویو په شاوخوا کې د نظر او څه کوي یو شمېر نور په خپل نقشي، دوی به پوه وړاندې د ډلې د نقشي په پای کې دي.
- رنګین پنسلونه او یا هم په کار ته د هغه رنګا رنګ په نقشه

MY ACTS 29
N
E
S
W
school
RIVER
RIVER
Bible school
Military Base
Football
Field
Lake

٦

تګ

تګ د زده کونکو تعارف د عیسی سره د ځوی په شان کوي.ځوی/ لور عزت کوي د خپل پلار،اتفاق غواړي او خپل خاندان کامیاب لیدل غواړي.پلار عیسی ته :معشوق: ویل. او مقدس روح په عیسی باندې په اصطباغي عمر کښې نازل شو.عیسی په خپل نایب توب کښې کامیاب شو ځکه چې هغه د مقدس روح په طاقت باندې انحصار کوو.

هم دغه شان مونږ به هم په خپل ژوند کښې په د مقدس روح په طاقت باندې انحصار کوو.د مقدس روح حوالی سره څلور حکمونه به مونږ پوره کوو.روح سره ګرځه، روح مه خفه کوه،د روح نه پوره (ډک) اوسه او روح مه ختموه (مه وژنه).عیسی نن هم زمونږ سره دې او غواړي چې زمونږ مدد کوي. څنګه چې هغه د ګلیلي په سړکونو باندې د خلقو مدد کړې وو.مونږ عیسی رابللی شو که چرته مونږ د څه داسې څیز علاج کول غواړو کوم چې مونږ د هغه د تابعدارئ نه منع کوي.

تعریف

- چا ته اوواته چې د خدای د موجودګئ او رحمت دپاره دعا اوکړي.
- بیا دوه مقدسې ګانې اووایه

دعا

- زده کونکي په داسې جوړو کښې تقیسم کړه چې مخکښې یې هغه سره جوړه نه وي جوړه کړې.
- هر یو زده کونکي به د خپل ملګري سره د دې سوالونو جوابونه شریکوي

۱. ځنګه مونږ د ورک شوو خلقو دپاره دعا کولې شو چې هغو بچ کړې شو.؟
۲. ځنګه مونږ ستا د تربیت ګروپ دپاره دعا کولې شو.؟

- که چرته یو ملګري تربیت نه دې شروع کړې نو د هغه د اثر په خوا کښې باصلاحیت کسانو له دعا وکړه چې تربیت شروع کړی شي.
- ملګري یو ځای دعا وکړئ

مطالعه

د هوا نه خالي ☙

ته به څه سوچ کوې که چرته زه خپل موټرسایکل هر ځای ته بوځم او هوا پکښې نه ډکوم؟:

- یو رضاکار را اوغواړه. رضاکار به ستا موټرسایکل وي. خپل موټرسایکل بوځه کار له، سکول ته، بازار ته او ملګرو سره ملاویده دپاره.د ملګري په کور کښې ستا ملګري هم

ستا سره موټرسايکل ته اوختل.هغه بوځه چرته او بيرته يې راوله. بيان کړه چې دا به څومره سترې کونکې کاروي.
ښکاره ده چې دا ډيره ښه ده چې ته خپل موټرسايکل کښې تيل واچوې.نو بيا ته دا ټول کارونه په اسانه کولې شې.

- چابي تاؤ کړه او خپه ورکړه او موټرسايکل سټارټ کړه. دا خبره يقيني کړه چې د موټرسايکل په شان آواز کوي.
- تا ته به څو ځله ودريدل او سمول هم وي که چرته دا اواز بند کړي.ټول هغه څه اوکړه چې تا مخکښې اوکړل خو دا اوس اسان دي ځکه چې اوس ستا دپاره موټرسايکل ته دکهـ ورکولو ضرورت نشته.که چرته ستا ملګري موټرسايکل نه ختل غواړي نو اوخيژوه او وايه :دا څه مسله نه ده. زما سره اوس ډير طاقت دې: موټرسايکل زمونږ د روحاني ژوند په شان دې. ډير خلق خپل روحاني ژوند دهکه کوي به خپل طاقت باندې چې د دې په نتيجه کښې د هغو د عيسايت تګ ګران دې.او هغو غواړي چې دا پريګدي.نورو په خپل ژوند کښې د مقدس روح د طاقت پته لګولې ده. هغه په موټرسايکل کښې د هوا په شان دې. مقدس روح مونږ ته دا طاقت راکوي چې مونږ هر هغه څه وکړه چې عيسى راته حکم کړې دې..

جايزه

د هرې جايزې سيشن يو شان وي. زده کونکي ودراوه او زده سبقونه ترې واوروه. پکار ده چې هغو د لاسونو حرکت هم کوي.

هغه اته (۸) تصويران کوم دي کوم چې د عيسي په تابعدارئ کښې زمونږ مدد کوي؟

سپاهي .محنت کونکې. ګډبه. زميدار. ځوي راهب. مقدس. ملازم .فورمين

ضرب

هغه څه چې درې شيان لري يو صاحب کار؟
هغه څه چې د خداې ته د لومړى سړى دى؟
هغه څه چې د تيرې عيسي ته سړي دي؟
زه به څنګه وي او ميوه داره ضربوي؟

هغه څه چې د نومونو د دوه سیندونه د اسراییلو کې واقع ده؟
ولې هغوی له دې امله بېلا بېلو؟
چې ته غواړې چې ته د؟

محبت
هغه څه چې درې شیان لري یو شپون؟
هغه څه چې تر ټولو مهم دی ته نور تعلیم؟
مینه لري، چې له دي؟
عبادت ساده ده، چې څه دي؟
ولې موږ عبادت ساده؟
څومره خلک دا کار ته بوزي بندی کوم عبادت؟

دعا
هغه څه چې درې شیان لري د ابدال؟
نمونځ، چې څنګه موږ باید؟
به څنګه چې موږ د خدای خبره؟
هغه څه چې د خدای د تلیفون شمېره؟

فرمان برداري کوې
هغه څه چې درې شیان لري یو مامور دی؟
هغه څه چې څلور دي، چې فرمانونه عیسي ته ور هر ورور دی؟
فرمان برداري، چې څنګه موږ باید ماته یسوع؟
وفا و څه ده ته ور په عیسي ورور دی؟
دی چې تر ټولو واکمن؟

عیسی د څه په شان دې؟

متی ۳:۱۶،۱۷ اَد بپتسمے نه پس عیسیٰ دَ اوبو نه سمدستی راوختو اَؤ په هغه وخت آسمان ورته خلاص شو اَؤ دَ خدائے رُوح ئے ولیدو چه دَ کونترے په شان په هغهٔ راګوزیدو. اَؤ ګورئ،دَ آسمان نه دا آواز راغے چه "دا زما خوږ زوئے دے چه په ما ګران دے اَؤ زهٔ ترے رضا یم.

"عبسائه یو زوی دی . د زوی د عیسي کله ځان د خپلي خوښي سپړني لپاره. هغه د لومړي ځل لپاره د تلپاتې الله، چې له دې امله پلار دي.» د هغه د حشر، چې اوس موږ کولای شو د یوه برخه د کورنی کې هم دي" .

زوي/ لور
مایل لاس حرکت خوله د خوړلو. که چیرې تاسو زامن خوړو یو زیات

کوم درې ځیزونه یو ځوي کوی؟

یوحنا ۱۷: ۱۸ ۲۱: ۱۸ - *ما په هغه کار پُوره کولو ستا جلال په دے دُنیا کښے ښرګند کړو،ګوم چه تا ما ته حواله کړے وُو.لکه چه تا زَهٔ دُنیا ته را استولے یم دغسے ما دوئ دُنیا ته استولی دی. اَوْ اوس زَهٔ دَ دوئ دَ خاطره خپل ځان مُقدس کوم چه دوئ هم دحقیقت په وسیله مُقدس شی. خو زَهٔ یواځے دَ دوئ دَ پاره دُعا نهٔ کوم بلکه دَ هغه چا دَ پاره هم ځوک چه دَ دوئ دَ کلام په وسیله په ما ایمان راؤړی. تهٔ دوئ ټول یو کړه. لکه چه تهٔ پلاره په ما کښے یئے اوْ زَهٔ په تا کښے یم دغه شان دِ دوئ هم په مُونږ کښے یو وی چه دُنیا دا ایمان ولری چه زَهٔ تا را استولے یم.*

۱. ځامن د پلار عزت کوي
۲. ځامن په خاندان کښي اتفاق غواړي. عیسی غواړي چې د هغه پیروکار یو وي لکه څنګه چې هغه او د هغه پلار یو دي.
۳. ځامن خاندان کامیاب لیدل غواړي. لکه څنګه چې خدای د دنیا د کامیابۍ دپاره عیسي راولیکو دغه رنګ عیسی مونږ ولیګلو چې کامیاب شوو.

عیسی یو ځوې دی او هغه په مونږ کښې اوسي. که مونږ د هغه تابعداري کوو نو مونږ به ځامن او لونړه شو.مونږ د خپل جنتي پلار عزت اوکړو، د خدای په خاندان کښې به اتفاق اوغواړو او د خدای د سلطنت د کامیابۍ دپاره به یوځای کار اوکړو

د عیسی نایب توب ولې کامیاب وو.؟

لوقا ۱٤:٤- *بیا عیسیٰ دَ رُوحُ القُدس په قُدرت ګلیل ته واپس شو اَوُ په ټول وطن کښے دَ هغهٔ آوازه ګیر چاپیره خوره شوه.*

مقدس روح عیسی ته دا طاقت ورکړو چې کامیاب شي. عیسی په خپل طاقت نه بلکه د روح په طاقت باندې نایب توب اوکړو.کله چې مونږ د عیسی تابعداري کوو مونږ د هغه د نایب توب نقل کوو. عیسی همیشه په مقدس روح باندې انحصار کړې دې. لکه څنګه چې عیسی په مقدس روح باندې انحصار کړې دې ځومره مونږ له پکار دې چې په مقدس روح انحصار اوکړو

په صلیب ختو نه وړاندې ولې عیسی د پیروکارو سره د مقدس روح باره کښې وعده وکړه؟

یوحنا ۱۶:۱٤،۱۸- *اَوُ زَهٔ به پلار ته خواست وکړم چه تاسو ته بل مددګار درکړی څوک چه به تاسو سره مُدام وی، اَوُ هغه به دَ حق رُوح وی،دُنیا هغه نهٔ شی قبلولے ځکه چه دُنیا نهٔ خو هغه وینی اَوُ نهٔ ئے پیژنی خو تاسو ئے پیژنئ ځکه چه هغه تاسو سره اوسی اَوُ په تاسو کښے وی. زَهٔ به تاسو یتیمان نهٔ پریږدم،زَهٔ تاسو ته بیرته راځم.*

۱. هغه به مونږ ته مقدس روح راکوي.
۲. مقدس روح به زمونږ سره همیشه وي
۳. مقدس روح به مونږ کښې وي.
۴. مونږ به همیشه د خداې د خاندان حصه یو.

مونږ د هغه د خاندان حصه یو ځکه چې مقدس روح په مونږ کښې اوسیګي.

د خپل دوباره راژوندي کيدو نه پس عيسى د پيروکارو سره څه وعده وکړه.؟

اعمال ۱:۸ - *خو تاسو ته به رُوحُ الْقُدس په نازليدو طاقت درکړے شى اَوْ تاسو به په بيتُ الْمُقدس کښے اَوْ په ټوله يهُوديه اَوْ سامريه کښے اَوْ دَ دے نه اخوا دَ دُنيا تر بله سره زما شاهدان يئ."*

مقدس روح به مونږ ته طاقت راکوي کله چې هغه په مونږ راځي

د مقدس روح متعلق کوم څلور حکمونه پوره کول دي؟

ګلتيانو ۵:۱۶- *زما مطلب دا دے چه که تاسو دَ خُدائے دَ رُوح په ښودلى لار روان يئ نو دا جسمانى شوقُونه به هيڅ کله هم پُوره نهٔ کړئ.*

د روح سره تلل

- يو رضاکار خوښ کړه. ملګري چې سړي/سړي وي يا زنانه/ رنانه، ګډ وډ به نه وي.(دا هله کوه چې کله کلتوري باندې د سړو او زنانو يوځاې لوبه کول مناسب وي). زه او زما ملګرى تاسو ته د روح سره تګ باره کښې څه رشتيا ښايو.په دې لوبه کښې زه په خپله يم او زما ملګرى مقدس روح دې. انجيل واې : د روح سره ځاې:.
- د روح سره تګ د خپل ملګري سره بيان کړه. ستا ملګرې به : مقدس روح: شي. ته اوستا ملګرى لاس په لاس يو ځاې وګرځئ او اوګه په اوګه يو ځاې اوګرځئ. کله چې مقدس روح چرته تلل غواړي ځه ورسره ته. کله نه کله کوشش وکړه چې لرى لاړ شي د هغه ځاې نه کوم طرف ته چې مقدس روح ځي. د خپل ملګري سره جوخت اوسه ځکه چې مقدس روح مونږ چرته هم نه پريګدي.کوشش وکړه ځکه چې ته يو طرف ته ځې او هغه بل طرف ته. مونږ به په هغه لار

ځو كوم چې مقدس روح غواړي او د خپلي خوښي په لار به نه ځو. بعض اوقات مونږ په خپل طرف تلل غواړو او دا روحاني مسلې اوزمونږ زړونو کښي غټ نقصان جوړوي.

د روح سره ځاې
چټکي سيل په لاس د دواړو

⌖

اِفِسيانو ٤:٣٠- اَؤ دَ خُدائے پاک رُوح خفه کوئ مه،دَ ګوم نه چه په تاسو دَ خلاصُون دَ ورځ دَ پاره مُهر لګولے شوے دے.

روح مه خفه کوه

انجيل واي : مقدس روح مه خفه كوه:. مقدس روح احساسات لري او مونږ هغه خفه كولي هم شو.

- د مقدس روح (خپل ملگري) سره اوګرځه چاپيره او په ګروپ کښي د چا باره کښي ګپ اولګوه. کله چې داسي اوکړي نو مقدس روح به خفه شي. د بل زده کونکي سره د جګهړې بهانه جوړه کړه او مقدس روح به بيا خفه شي. احتياط کوه چې څنګه خپل ژوند تيروې ځکه چې مقدس روح تا کښي دې او هغه خفه کيدې شي. مونږ په خپل عمل او وينا سره مقدس روح خفه کولي شو.

روح مه خفه كوه
ښير چې تاسو په ښبر سوده دې بيا اشاره سر نه په نښا ګډوې

⌖

اِفِسيانو ٥:١٨- اَؤ په شرابو مستيګئ مه ځکه چه دَ دے نه بدکاری پيدا بلکه په پاک رُوح معمُور شئ.

د مقدس روح نه پوره (ډک) اوسه

انجيل واي : د مقدس روح نه پوره (ډک) اوسه:.د دي مطلب دا دي چي مونږ ته د ورځ او ژوند په هره حصه کښي د مقدس روح ضرورت دي.

کله چي مونږ عيسى حاصل کړو نو لکه مونږ په زمکه باندي ټول مقدس روحونه حاصل کړل. دا ممکنه نه ده چي مونږ د مقدس روح نه زيات حاصل کړو. البته دا ممکنه ده چي مقدس روح زمونږ نه ډير واخلي.مونږ هره ورځ خوښوو چي څومره به هغه زمونږ ژوند ډک کړي.دا حکم د هغه دپاره دي چي زمونږ د ژوند هره حصه پوره او ډکه کړي.

د مقدس روح نه پوره (ډک) اوسه
و په غرزي کوم حرکت په دواړو لاسونو ته له پښو په سر د خپل سر

تِسالونيکانو اول٥:١٩ دَ رُوحُ القُدس دَ اثر لرے کولو کوشِش مۀ کوئ.

روح مه ختموه (مړ کوه)

انجيل واي : مقدس روح مه ختموه (مه مړ کوه). د دي مطلب دا دي چي مونږ به په خپل ژوند کښي د هغه کار نه بندوو.

- د مقدس روح (خپل ملګري) سره چاپيره اوګرځه او ګروپ ته اووايه چي مقدس روح غواړي چي زه د يو زده کونکي ګواه جوړ شم.د ګواهئ نه انکار وکړه، بهانه اوکړه او په خپله مخه لاړ شه. مقدس روح به تاته واي چي د يو بيماردپاره دعا اوکړه خو ته به انکار اوکړي او بهانه به جوړه کړي او په خپل طرف به لاړ شي. مونږه اکثر په خپلو بهانو او د خپلي خوښي کارونو کولو باندي د خداي په کار کښي خڼ جوړيګو.

مونږ په خپلو نه ویلو او نه کولو باندې مقدس روح ختمولې شو. دا داسې دې لکه چې مونږه په خپل ژوند کښې د مقدس روح اور مړ کوو.

روح مه ختموه (مړ کوه)
و حق لري په څېر د شاخصونو د شم. په توګه کوي، که تاسو پو لپاره هڅه کوي.
اشاره خپل سر پي آر د خبریال په نڅا ګډوم

د حافظې ایت

یوحنا ۷:۳۸ - *اؤ څوک چه په ما ایمان راؤړی،لکه چه صحیفے وائی«دَ ژوندُون دَ ابو سینڈونه په دَ هغهٔ نه بهیږی.»*

- ټول پاسئ او په یو ځاې لس وار ی د حافظی ایت اووایئ. وړومبې شپږ (۶) ځل زده کونکي د انجیل یا د طالب علمانو د کتاب نه اووایئ اخري څلور (۴) ځل په یادو اووایئ. زده کونکي به هر ځل د وینا نه مخکښې حواله ورکوي او د ختمیدو نه پس دې کیني.
- نو دا به تربیت کونکي ته مدد ورکړي چې چا د عمل په سیشن کښې سبق ختم کړې دې.

عمل

- زده کونکو ته اووایه چې د دې سیشن دپاره د خپل عبادت ملګري ته مخامخ کیني. ملګري په نمبر نمبر یو بل ته سبق اوویئ. کوم کس چې په ټولو کښې زیات لری اوسي د ملاقات د ځاې نه نو هغه به مشر وي.
- په صفحه ۱۲ باندې د تربیت کونکو تربیت اوګورئ.
- دا خبره یقیني کړه چې هغه څه هم دلته اوښایې کوم چې په مطالعه سیشن کښې اوښودل.تپوسونه اوکړې، کتابونه یوځاې اوګورې او هم هغه شان د سوالونو جوابونه ورکړې لکه څنګه چې ما اوکړل.

- کله چې زده کونکي خپل ملګري سره عمل پوره کړي ورته اووايه چې نوې ملګرى اوګوري او بيا ورسره عمل اوکړي. زده کونکو ته اووايه چې سوچ اوکړي چا باره کښې، چا سره چې به دا سبق د تربيت نه بهر شريکوي.لږ وخت ورکړه چې هغه چا باره کښې سوچ اوکړي چې چا ته د تربيت نه بهر دا سبق ښودلې شي. د هغه کس نوم دې د دې سبق د وړومبې صفحې په سر وليکي.

اختتام

دا د نايب توب اهم وخت دې.که چرته ستا سره وخت نه وي نو ته دا د بل سبق په سر کښې ايخودې شې يا بل وخت يې کولې شې.ته دا حصه استعمالوې شې که چرته په سيمينار کښې په ماښام کښې ستا ګروپ يو شوقيه وخت غواړي.

عيسى دلته دې

عبرانيانو۱۳:۸-عيسىٰ مسيح پرُون،نن اَؤ تل تر تله په يو شان دے.

متى ۱۵:۳۰،۳۱-نو ډير خلق ورته راغلل چه ورسره ګډ،کانړهٔ،شل اَؤ ډير رنځوران وُو. دوئ هغه خلق دَ دَهٔ په پښو کښے کيښودل اَؤ هغهٔ هغوى جوړل کړل. هغه خلق په دے ډير حيران شول چه چاړاګانو خبرے وکړلے،مات ګډ خلق روغ شول اَؤ ګرزيدل اَؤ ړاندهٔ بينا شول اَؤ ټولو په دے دَ اِسرائيل دَ خُدائے لوئى بيان کړه.

يوحنا ۱۰:۱۰- غل دَ غلا بلکه دَ قتلونو اَؤ تباهئ دَ پاره راځى اَؤ زَهٔ دے له راغلے يم چه خلق ژوندُون ومُومى اَؤ ډير ئے ومُومى.

په عبراني ۱۳:۸ کښې انجيل واي چې عيسى پرون، نن او هميشه دپاره يو شان دې. په مهيتيوز ۱۵:۳۰ کښې انجيل واې

چې د عیسی د مختلف خلقو د مختلفو مسلو علاج اوکړو. په جان ۱۰:۱۰ کښې انجیل وایې چې شیطان د وژلو، پټولو او ختمولو دپاره راغی خو عیسی مونږ د ډیر ژوند راکولو دپاره راغي.

حقیقت کښې مونږ ته پته ده چې عیسی اوس مونږ سره دې. که چرته تاته په ژوند کښې د څه علاج ضرورت وي، هغه غواړي دغه علاج اوکړي اوس لکه څنګه چې هغه په مهیتیو ۵۱ کښې کړې دې.شیطان غواړي چې تا مړ کړي او ستا نه غلا اوکړي خو عیسی تا ته ډیر ژوند درکول غواړي.

کیدې شي ته د مهیتیو ۱۵:۳۰ په دې متن کښې چا سره روحاني تعلق ولری :ایا ستا تګ د شیطان سره مضبوط دې یا شیطان ته ګوډ کړې یې؟: عیسې دلته دې هغه ته اوایه هغه به ستا علاج اوکړي نو ته به د هغه سره بیا تللې شې. آیا ته نه وینې چې خدای چرته کار کوي؟ یا شیطان د مایوسئ نه ستا سترګې ړندې کړي دي.؟ عیسې دلته دې هغه ته اوایه هغه به ستا علاج اوکړي نو ته بیا لیدلې شې چې چرته هغه کار کوي.

ایا ته د عیسی ښه خبرونه خپل چار چاپیره شریکوې کنه چاړه یې.؟ عیسې دلته دې هغه ته اوایه هغه به ستا علاج اوکړي نو ته بیا په داډه زړه د هغه باره کښې خبری کولې شې.

آیا ته د نورو مرسته کوی یا شیطان ته په دې خبره مایوسه کړې یې چې ته نور نه شې کولې.؟ عیسې دلته دې هغه ته اوایه هغه به ستا علاج اوکړي نو ته تیر شوې وخت شاته ایخودلې شې او هغه سره بیا تللې شې. ایا ستا په ژوند کښې داسې څه مسله شته چې تا د زړه نه د عیسې پیروئ ته نه پریګدي؟ چې څه هم ستا تکلیف وي عیسې دلته دې اوس او هغه ستا علاج کولې شي. عیسی ته غږ اوکړه هغه باندې خپل علاج اوکړه او خدای ته ډیره خوشحالي راوړه.

- ملګرو ته اوایه چې یو ځای دعا اوکړي او عیسی ته اووایه چې د هر هغه څیز نه د دوي علاج اوکړي چې د زړه نه د عیسی پیروي ته نه پریګدي.

۷

ځه

ځه د عیسی تعارف د یو تلاش کونکي په شان کوي. تلاش کونکي نوي ځایونه، ورک شوي خلق او نوي موقعې ګوري. څنګه عیسی دا فیصله وکړه چې چرته لاړ شي او نایب توب اوکړي. دا په خپله دا اونه کړل. هغه اوکتل چې چرته خدایې کار کوي. هغه خدای سره شو او هغه ته پته وه چې خدایې د سره مینه کوي او د ته به اوښایي. مونږ به څنګه فیصله کوو چې چرته نایب توب اوکړو.؟ هم هغه شان څنګه چې عیسی اوکړل.

خدایې چرته کار کوي.؟ هغه په غریبانو، قیدیانو،بیمارانو او مظلومانو کښې کار کوي. بل خدایې زمونږ په خاندانونو کښې هم کار کوي.هغه زمونږ ټول خاندان بچ کول غواړي. زده کونکي په خپل ایکټ ۲۹ نقشه باندې هغه خلق او هغه ځایونه ښاي چرته چې خدایې کار کوي.

تعریف

- چا ته اوواته چې د خدایې د موجودګۍ او رحمت دپاره دعا اوکړي.
- بیا دوه مقدسې ګانې اووایه

دعا

- زده کونکي په داسي جوړو کښي تقسيم کړی چي مخکښي نه وي ملاو شوي.
- هر ملګرې د خپل ملګری سره د دې سوالونه مشق کوي.

١. څنګه به مونږ د هغه کسانو دپاره دعا وکړو کوم چې ورک شوي دي
٢. څنګه به مونږ د هغه ګروپ دپاره وکړو کوم له چې تربيت ورکوې.

- که چرته يو ملګري لا د تربيت کار نه وي شروع کړې نو هغه له دعا وکړې چې هغو صحيح کار شروع کړي.
- ټول ملګري دې يو ځاې دعا وکړي

مطالعه

جايزه

د هرې جايزی سيشن يو شان وي. زده کونکي ودراوه او زده سبقونه ترې واوروه. پکار ده چې هغو د لاسونو حرکت هم کوي.

هغه اته (٨) تصويران کوم دي کوم چې د عيسې په تابعدارئ کښي زمونږ مدد کوي؟

سپاهي .محنت کونکې. ګدبه. زميدار. ځوي راهب. مقدس. ملازم فورمين.

محبت

هغه څه چي درې شيان لري يو شپون؟
هغه څه چې تر ټولو مهم دی ته نور تعليم؟
مينه لري، چې له دي؟

عبادت ساده ده، چې څه دي؟
ولې موږ عبادت ساده؟
څومره خلک دا کار ته بوزي بندی کوم عبادت؟

دعا

هغه څه چې درې شیان لري د ابدال؟
نمونځ، چې څنګه موږ باید؟
به څنګه چې موږ د خدای خبره؟
هغه څه چې د خدای د تلیفون شمېره؟

فرمان برداري کوي

هغه څه چې درې شیان لري یو مامور دی؟
هغه څه چې څلور دي، چې فرمانونه عیسي ته ور هر ورور دی؟
فرمان برداري، چې څنګه موږ باید ماته یسوع؟
وفا و څه ده ته ور په عیسي ورور دی؟
دی چې تر ټولو واکمن؟

تګ

هغه څه چې درې شیان لري یو زوی دی؟
هغه څه چې د واک د سرچینې په عیسي د وزارت په دي؟
نیټه و عیسي هغه څه چې په اړه د سپېڅلي همت ګروهنان له هغه وروسته حشر؟
نیټه و عیسي څه په اړه د سپېڅلي همت ګروهنان څخه دمخه د؟
هغه څه چې څلور فرمانونه په اړه د جهاد په همت؟

عیسی د څه په شان دی؟

لوقا ۱۹:۱۰ او ابن آدم دے له راغلے دے
چه ورک شوی ولټوی او بچ ئے کړی

عیسی یو تلاش کونکي دې. هغه ورک شوي خلق ګوري. هغه وړومبې په خپل ژوند کښې د خدای رضا او د خدای سلطنت تلاش کړل.

تلاش کونکي
👋 او نظر سره په سترګو لاس

هغه کوم درې (۳) ځيزونه دې چې تلاش کونکي يې کوي.؟

مرقس ۱:۳۷،۳۸ -وئے مُونڈو اَؤ ورته ئے ووئيل چه"ټول خلق ستا په تلاش کښے دی." هغهٔ جواب ورکړو چه"راځئ چه نزدے کلو ته لاړ شُو چه زَهٔ هلته هم خپل پيغام واؤروم ځکه چه زَهٔ هم په دغه غرض راوتلے يم."

١. تلاش کونکي نوي ځايونه معلوموي
٢. تلاش کونکي ورک شوي خلق معلوموي.
٣. تلاش کونکي نوې موقعې معلوموي.

عيسى يو تلاش کونکي دې او په مونږ کښې اوسيګي. که مونږ د هغه تابعداري کوو نو مونږ به هم تلاش کونکي شو.

ځنګه عيسى فيصله اوکړه چې چرته نايب توب اوکړي.؟

يوحنا ۵:۱۹، ۲۰-دَ دے اِلزام په جواب کښے عيسىٰ ووئيل چه"زَهٔ تاسو ته رښتيا رښتيا وايم،زوئے په خپله هيڅ نهٔ شی کولے بے له هغه کار نه چه وينی چه پلار ئے کوی. څهٔ چه پلار کوی هغه زوئے هم کوی. ځکه چه پلار دَ زوئے سره مينه کوی اَؤ خپل ټول کارُونه ورته ښکاره کوی. لا دَ دے نه زيات لوئے کارُونه به ورته داسے څرګند کړی چه تاسو به حيران پاتے شئ.

عيسى ووېل :زه خپله هېڅ نه کوم

👋 خپل يو لاس په زړه کيږده او اوايه :نه

عیسی وویل :زه ګورم چې چرته خداې کار کوي:.

- خپل یو لاس په سترګو کیږده او ګس او ښاې ته تلاش کړه

عیسی وویل :چرته چې هغه کار کوي زه هغه سره شم:

- خپل مخکښې یو ځاې ته لاس اونیسه او سر اوخوزوه :هو

عیسی وویل :او ماته پته ده هغه ما سره مینه کوي او ما ته به ښاي:

- د تعریف دپاره لاس بره اوچت کړه او په زړه یې تیر کړه

مونږ به څنګه فیصله کوو چې چرته نایب توب اوکړو.؟

یوحنا اول ۲:۵،٦ که څوک دَ هغهٔ په کلام عمل کوی نو په هغهٔ کښې دَ خُدائے مینه کامله شوے ده. اؤ داسے مُونږ ته معلومه ده چه مُونږ دَ خُدائے سره شراکت لرُو. هر هغه څوک چه وائی چه "زَهٔ دَ هغهٔ په شراکت کښې قائم یم،"نو په کار دی چه هغه دِ داسے ژوند تیر کړی لکه څنګه چه مسیح تیر کړے وُو.

مونږه فیصله کوو چې چرته نایب توب اوکړو لکه څنګه چې عیسې کړي دي.

زه خپله هیڅ نه کوم:

- . یو لاس په زړه کیږده او وایه :نه

بنیادی راہبان جوړول

زه ګورم چې خدایِ چرته کار کوي:

- 👋 یو لاس په سترګو کیږده او ګس او ښایِ ته تلاش کړه.

چرته چې هغه کار کوي زه هغه سره شم:

- 👋 خپل مخکښي یو ځایِ ته لاس اونیسه او سر اوخوزوه :هو

او ماته پته ده هغه ما سره مینه کوي او ما ته به ښايِ:

- 👋 د تعریف دپاره لاس بره اوچت کړه او په زړه یې تیر کړه

څنګه به مونږ معلوموو که خدایِ کار کوي؟

یوحنا ٦:٤٤-ځکه چه ما ته یو داسې سړے نۀ شی راتلے ګوم چه پلار چه زَۀ ئے رالیږلے یم ما ته رانۀ کاږی،اَؤ زَۀ به هغه په آخری ورځ راپورته کړم.

که څوک د عیسی باره کښې د نور زده کولو شوق لري نو بیا تا ته پته ده خدایِ کار کوي.جان ۶:۴۴ دا وایِ چې صرف خدایِ ځان ته خلق راوستي شي.مونږ سوالونه کوو. :ځړي کرو:. او ګورو که چرته جواب راشي. که جواب راشي مونږ ته پته ولګي چې خدایِ کار کوي.

عیسی چرته کار کوي؟

لوقا٤:١٨،١٩ - «دَ رب رُوح په ما نازل دے ځکه چه زَۀ هغۀ مسح کړے یم، اَؤ دے له ئے را استولے یم چه عاجزانو ته زیرے ورکړم، چه قیدیانو ته دَ آزادئ اَؤ

ړندو ته دَ بینائی اِعلان وکړم اَوْ چه ژوبل شوی مظلُومان آزاد کړم،اَوْ دَ رب دَ قبُول شوی کال وعظ وکړم.»

۱. غریبو سره.
۲. قیدیانو سره.
۳. بیمارانو (ړندو سره).
۴. مظلومانو سره

عیسی نایب توب اوکړو او دغه خلقو ته یې نایب توب کړی. دا خبره اهمه ده چې یاد وساتلې شي چې هغه د هر غریب یا قیدی نایب توب نه دی کړی.په خپل کوشش مونږ. غواړو چې هر چا سره مرسته اوکړو. عیسی دا وکتل چې چرته پلار کار کوي او ورسره شو.مونږ ته هم داسې کولو ضرورت دی.که چرته مونږ د هر مظلوم د نایب توب کوشش کوو نو دا خبره یقیني شوه چې مونږ کوشش کوو چې دا په خپله اوکړو.

بل کوم ځای دی چې عیسی هلته کار کوي؟

تا ته معلومه ده چې خدای ستا د ټول خاندان سره مینه کوي. دا د هغه رضا ده چې ټول دې بچ وي او تر ابده (اخرت) دې هغه سره یو ځای وي. په انجیل کښې ډیر داسې مثالونه دي چې خدای ټول خاندان بچ ساتلې دی.

بد روح لرونکي سړي---- مارک ۵

بد روح لرونکي سړي بنیادي طور بدل شوي وو.هغه غوښتل چې د عیسی سره لاړ شي.خو عیسی هغه ته اویل چې لاړ شه او خپل خاندان ته هغه څه اوایه چې څه شوي دي.په خواوشا کلو کښې خلق حیران شوي وو چې دا عیسی څه وکړل. کله چې خدای یو کس بچ کړي هغه غواړي چې د هغه چاپیره نور هم بچ کړي.

کارنیلیس---- ۱۰

خداې پیټر (پطرس) ته اویل چې لاړ شه کارنیلیس سره خبری اوکړه. کله چې پیټر خبری اوکړې نو مقدس روح نه پوره (ډک) شو کارنیلیس او هر هغه څوک چې چا پیغام واوریدو. کارنیلیس یقین اوکړو او هر هغه چا چې د هغه خواته وو.

پیلپي کښې جیلر--- ایکټ ۱۶

پال (پولوس) او سیلاس په جیل کښې پاتي شواګرچه یوی زلزلې د جبل دروازی پرانستې وې.جیلر په دې حیران شوی وو او په عیسی یې یقین کړې وو.خداې د هغه ټول کور بچ کړو.

چرته هم حوصله مه بیله اودعا او یقین کول مه پریګده چې ستا خاندان کښې هر یو کس به بچ کولې شي او اخرت (ابد) به یوځای تیروي.

د حافظې ایت

یوحنا ۱۲:۲۶- که څوک زما خدمت کوی هغه دِ ماپسے راځی اَوَ چرته چه زَهٔ یم هلته به زما خادم هم وی. هر څوک چه زما خدمت کوی هغهٔ ته به زما پلار عزت ورکړی.

- ټول پاسئ او په یو ځاې لس وار ی د حافظی ایت اوواېئ. وړومبې شپږ (۶) ځل زده کونکې د انجیل یا د طالب علمانو د کتاب نه اووایئ اخري څلور (۴) ځل په یادو اووایئ. زده کونکې به هر ځل د وینا نه مخکښې حواله ورکوي او د ختمیدو نه پس دې کیني.
- نو دا به تربیت کونکې ته مدد ورکړي چې چا د عمل په سیشن کښې سبق ختم کړې دې

عمل

- زده کونکو ته اوایه چې دی سیشن دپاره خپل عبادت ملګري ته مخامخ کیني. ملګري دی یو بل ته سبق اوښایي. په جوړه کښې چې د چا ډیر ورونړه خویندې وي هغه به مشر وي.
- په صفحه ۱۲ باندی تربیت کونکو تربیت عمل.
- دا خبره یقیني کړې چې په مطالعه سیشن کښې ښودل شوي هر څه هم هغه شان اوښایي. سوالونه اوکړی،الهامي کتاب یو ځای اوګورې او هغه شان د سوالونو جوابونه ورکړی څنګه چې ما تاسو سره اوکړل.
- د خپلو ملګرو سره عمل پوره کولو نه پس زده کونکو ته اوایه چې نوي ملګري معلوم کړي او هغوسره عمل اوکړي.

زده کونکو ته اووایه چې سوچ اوکړي چا باره کښې، چا سره چې به دا سبق د تربیت نه بهر شریکوي

لږ وخت ورکړه چې هغه چا باره کښې سوچ اوکړي چې چا ته د تربیت نه بهر دا سبق ښودلې شي. د هغه کس نوم دې د دې سبق د وړومبې صفحې په سر ولیکي.

اختتام

ایکټ ۲۹ نقشه برخه دوم ❧

په خپل ایکټ ۲۹ نقشه اوباسه او لیبل کړه هغه ځایونه کوم ځای چې عیسی کار کوي.په خپله نقشه باندی کم از کم پنځه (۵) ځایونه اوښایه چې ستا یقین دې هلته عیسی کار کوي او په هر ځای کراس نښه راکاږه.لیبل کړه چې څنګه خدای هلته کښې کارکوي.

MY ACTS 29
N
E
W
S
sick people
school
RIVER
RIVER
my friend
family
Bible school
Poor people
Military Base
Football Field
Lake

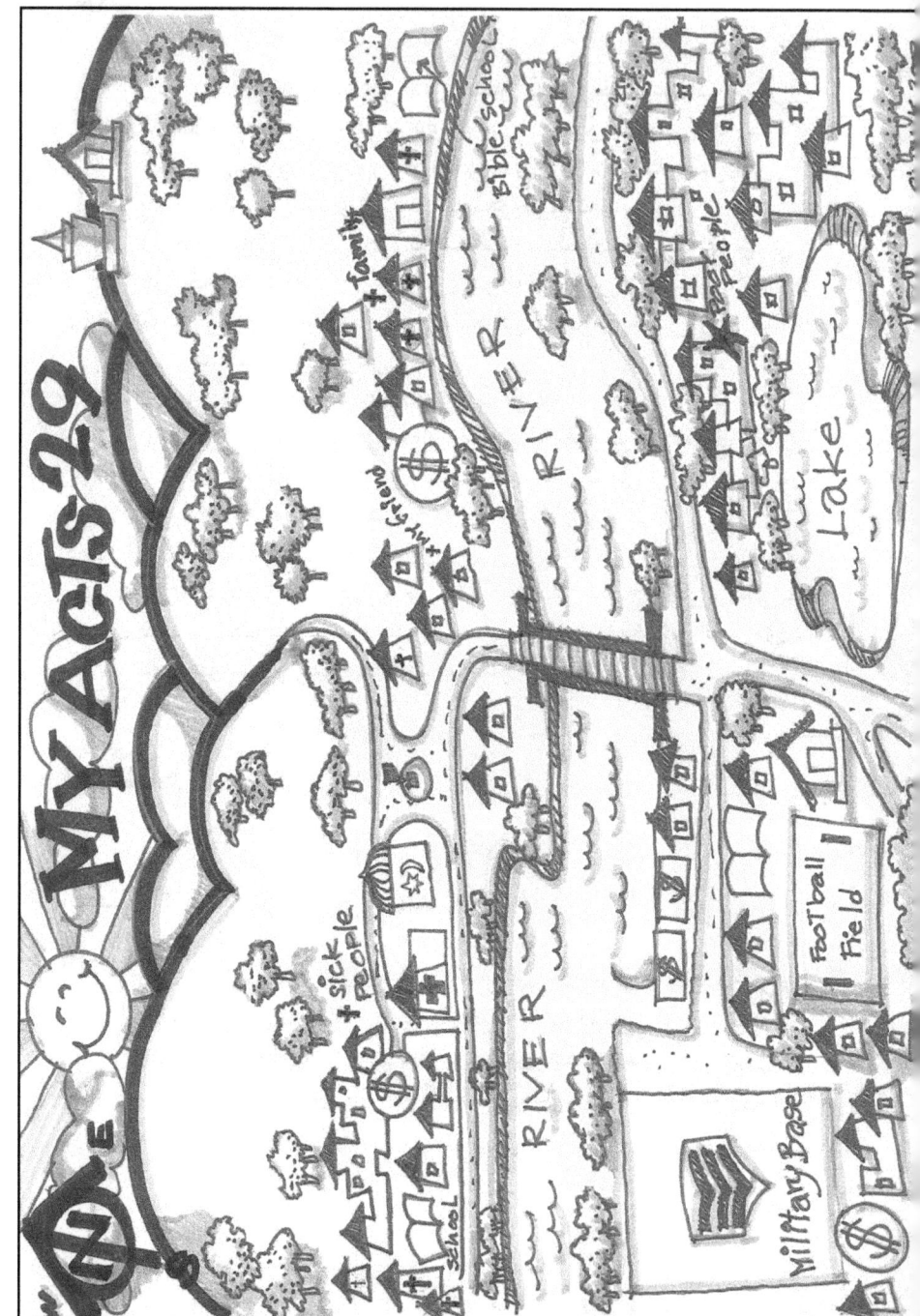

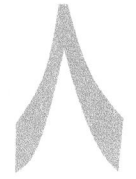

۸

خلقوته اووايے

خلقوته يسوع د سپاہی په شکل کښې پيش کړے- سپاہی دشمن سره جګړه کوی- سخته برداشت کوی او قيديان آزاده وی- يسوع يو سپاہی دے - که مو نګ د هغه پيروی و کړو -

مونګ به هم سپاہيان شو - که مونګ الته کار شروع کړوچرته چه خدے کار کوی- نو مونګه به روحانی فلاح او موندو - يقين کونکی شيطان له څنګه شکست ور کوی - مونګه هغه له د يسوع صليب ته ختو باندے شکست ور کوو خپل دليل پيش کوواو خپل يقين د پاره مړکيدو نه نه پريګو-

يو مظبوط دليل دادے څما د زندګی قيصه چه مزه د يسوع سره تلو که چه څما په زندګی کښې کوم فرق داغلے دے -دليل ډير مظبوط هله وی کله چه مونګ خپل بحث مختصر سا تو - کله چه مونګه د تبديليدو وخت نه خايو او کله مونګ عام زبان استعمالوو ، يقين نه ساتلو والا زر پو ہيګی –

پروګرام يو تقرير سره ختميګی - کوم کس چه د څلو يخت ۴۰ هغه کسانو نامے او ليکی کوم چه ورک شوی دی -اول، دويم، دريم را تلونکی ته انعام ملاويګی- خو انعام به تو لو ته ملاويګی څکه چه مونګ تو لو او ګا تله چه خپل ثبوت به څنګه پيش کښې –

تعریف

- چا ته اوواته چې د خداې د موجودګۍ او رحمت دپاره دعا اوکړي.
- بیا دوه مقدسې ګانې اووایه

دعا

- زده کونکي په داسې جوړو کښې تقسیم کړی چې مخکښې نه وي ملاو شوي.
- هر ملګرې د خپل ملګری سره د دې سوالونه مشق کوي.

١. ځنګه به مونږ د هغه کسانو دپاره دعا وکړو کوم چې ورک شوي دي
٢. ځنګه به مونږ د هغه ګروپ دپاره وکړو کوم له چې تربیت ورکوې.

- که چرته یو ملګري لا د تربیت کار نه وي شروع کړې نو هغه له دعا وکړې چې هغو صحیح کار شروع کړي.
- ټول ملګري دې یو ځاې دعا وکړي

مطالعه

جایزه

د هرې جایزی سیشن یو شان وي. زده کونکي ودراوه او زده سبقونه ترې واوروه. پکار ده چې هغو د لاسونو حرکت هم کوي.

هغه اته (٨) تصویران کوم دي کوم چې د عیسی په تابعدارئ کښې زمونږ مدد کوي؟

سپاهي .محنت کونکي. ګډبه. زمیدار. څوي راهب. مقدس. ملازم .فورمین.

دعا

هغه څه چي دري شيان لري د ابدال؟
نمونځ، چي څنګه موږ بايد؟
به څنګه چي موږ د خداى خبره؟
هغه څه چي د خداى د تليفون شمېره؟

فرمان برداري کوي

هغه څه چي دري شيان لري يو مامور دى؟
هغه څه چي څلور دي، چي فرمانونه عيسي ته ور هر ورور دى؟
فرمان برداري، چي څنګه موږ بايد ماته يسوع؟
وفا و څه ده ته ور په عيسي ورور دى؟
دى چي تر ټولو واکمن؟

تګ

هغه څه چي دري شيان لري يو زوى دى؟
هغه څه چي د واک د سرچيني په عيسي د وزارت په دي؟
نيټه و عيسي هغه څه چي په اړه د سپېڅلي همت ګروهنان له هغه وروسته حشر؟
نيټه و عيسي څه په اړه د سپېڅلي همت ګروهنان څخه دمخه د؟
هغه څه چي څلور فرمانونه په اړه د جهاد په همت؟

څه

هغه څه چي دري شيان لري يو طالب؟
انفصال و، چي څنګه چي ماته يسوع ته د وزير؟
انفصال څنګه چي موږ ته د وزير؟
څنګه به موږ پوهيږو چي خداى چيري دي کار کوي؟
چي دا کار عيسي؟
چي هلته يو بل ځاى عيسي کار کوي؟

عیسی د څه په شان دې؟

متی ۲۶:۵۳-آیا تا دا ګمان کړے دے چه زَهٔ ګنی خپل پلار ته سوال نهٔ شم کولے چه سمدستی دَ فرښتو دولس لښکرے زما مدد ته راواستوی؟

" یسوع سپاہی دے - هغہ د فرشتو ۲۱ تولګي پہ یوځل خپل حفاظت بہ را غوختے شی ځکہ چہ هغہ د خدے د فوج عسکری مشردے - هغہ شیطان پہ روحانی کار کښي مشغول کړواو ګناہ لہ یے پہ صلیب باندے شکست ورکړو-

سپاہی
تبغ وهئ

هغه کوم درې (۳) څیزونه دې چې سپاہی یې کوي.؟

مرقس ۱:۱۲،۱۵ - سمدستی رُوحُ القُدس هغه بیابان ته واستوو. اوَ هلته کښے هغه تر څلویښتو ورځو پورے دَ شیطان په لمسُون کښے وآزمائیلے شو. هغه دَ ځنګلی ځناورو سره وُو اوَ فرښتے دَ هغهٔ په خدمت کښے حاضرے وے. هر کله چه یحییٰ ونیولے شو نو عیسیٰ ګلیل ته راغے اوَ دَ خُدائے دَ زیری وعظ ئے کولو چه "وخت پُوره شو،دَ خُدائے بادشاهی په تاسو دَ بره کیدُونکی ده. توبه ګار شئ اوَ په زیری ایمان راوړئ".

۱ سپاہی دشمن سره جګړه کوی

یسوع دشمن سره جګړه و کړه او وہ یے کټلہ –

۲ سپاہی سختتھ تیروی –

یسوع چہ کلہ پہ ځمکہ وو نو ډیزسختے یے برداشت کړے وے –

۳ سپاہی قیدیان آزاد وی –

د یسوع سلطنت دے دپارہ وو چہ خلق آزاد کړی –

یسوع یو سپاہی دے ھغہ د خدے - د فوج مشری کوی او شیطان یے پہ روحانی فلاحی کارکینے اختہ کړے دے یسوع څمنګ د پارہ پہ صلیب جنګ ګټلے دے -څنګہ چہ یسوع پہ مونګہ کینے اوسیګی - مونګ بہ ہم کامیاب فوج یو مونګ بہ څختہ برداشت کوو چہ خپل مشر پخلا کړو او چہ خپل قیدیان آزاد کړو-

موږ دا څنګه ماتې ابلیس؟

مُکاشفه ۱۲:۱۱ - خو زمُونږ وړُونه په هغهٔ دَ کڅُوری دَ وینے په وسیله اَوْ ګواهئ دَ کلام په وجه غالب شول،اَوْ خپل ځان ئے هم عزیز ونهٔ ګڼلو تر دے چه مرګ ئے هم قبُول کړو.

د معصوم وینہ

د رحم کونکی پہ وینے سرہ مونګہ پہ شیطان غلبہ حاصلہ کړے دہ یسوع دوینے پہ بدولت کوم چہ ھغہ پہ صلیب توے کړے وہ –

د معصوم وینہ
☝ خپلو دوارو تلو تہ پہ ګو نے سرہ اشارہ و کړہ

د نشانے مطلب دے پہ صلیب وژل - کلہ چہ تا سو روحانی نیکی کوے یارسانی چہ یسوع شیطان لہ پہ صلیب شکست ور ک ړے دے شیطان خوازی ، او چغے وحی ہرکلہ چہ یسوع ا ووینی- ھغہ یسوع تہ سوال کوی چہ ما ځا نلہ پریګرہ-

خہ خبرہ د دہ چہ یسوع پہ مونگ کښے او سیگی حُکہ ہر کلہ چہ شیطان یسوع پہ مونگ کښے سی کری نو ھغہ چغے وخی - -

څمونگہ دلیل

مونگہ پہ شیطان غلبہ حاصلہ و د خپل مظبوط دلیل دو مے نہ - مونگہ سرہ څوک ہم بحث نہ بشی کو ولے چہ یسوع څمونگہ پہ زندگو کښے څہ او کرل- مونگہ د ہتیاد ہر څے او ہر چرتہ استعمالوے شو -

دلیل
🖐 لاس پر خولہ پہ لر او بر کی د پیالہ کہ چیری تاسو تہ یو بل چا

دمرگ نہ مہ یریگی

څمونگہ حیثیت خدے سرہ محفوظ دے - چھ ھغہ سرہ یونو څہ دہ چھ دلتہ یو ضروری دہ چھ تعلیمات خوارہ کرو-

مونگہ شکست نہ شو

خوا پرے مرگ نہ مہ یریگے
🖐 لاس یوځے سا تے لکھ دیو زنجیر-

څہ چھ یو مظبوط دلیل دے؟

څما زندگی د یسوع سرہ ملاویدو نہ مخکے

مخکے
🖐 خپلے مخے تہ کس طرف تہ اشارہ او کرہ-

دا سے اووایہ چھ د یقین کونکی نہ مخکے ستا زندگی څنګہ
وہ - کہ چرتھ ستا د عیسائی خاندان کښې تربیت شوے یې
نوغیر یقین والا لہ ډیرہ مزہ ورکوی چھ د عیسائی خاندان
والا څنګہ وی۔

زہ یسوع سرہ څنګہ ملاؤ شوم

څنګہ

✋ خپلے صخے منزتہ اشارہ او کړہ -

او وایہ چہ تا پہ یسوع څنګہ یقین پیدا شو او پیروی دے
اوکړہ

حُما زندگی یسوع سرہ میلاویدونہ روستہ

✋ خی طرف تہ تاؤشہ اولاسونہ ځکتھ پورتہ
کړہ۔

او داسے او خا یہ چہ یہ کلہ بہ تا یسوع سرہ خبرے کو ولے نو
څنګہ چل بہ وو - او ستاد ھغہ سرہ تعلق څہ ما نہ لری

یو سادہ تپوس او کړہ

ددلیل پہ آخرہ کے تپوس او کړہ۔ آیا تاسوغوا رے چھ د
یسوع بارہ کښے نور څہ وا ورے؟ دا سوال دا دے چھ آیا
خدے کارکوی ؟

✋ تہ ګوتہ نیسي چې پہ کی د لوی ګندہ کہ چیري تاسو
پہ ھکلہ فکر کوي.

خدے واحد ذات دے چہ دځان طرف تہ خلق دا کاګی- پہ دغہ وخت کینے اغوی نورهم د یسوع پیروي باره کے اووایہ – کہ چرتہ هغوی اویل چہ نا نو خدے کار کوی خو دوی کار کوولو تہ نہ دی تیار –

هغوی تہ اووایہ کہ چرتہ هغوی غوا ړی نو د رحمت د پاره دے عبادت او کړی اوبیا خپل کار جاری ساتہ-

دپیروی دپاره څہ اهم نکات کوم دی ؟

خپل اول دلیل درے)٣(یا څلور)٤ (منټوپورے محدود کړو

پہ دنیا کینے ډیر ورک شوی خلق دی -کلہ چہ خپل دلیل کم کړے نوتا تہ پتہ اولګی چہ څوک ایخ دی اوڅوک نہ - دهرڅہ نہ وړاندے د مقدس جذبے مشری او کړینوی ملګری درے)٣ (یا څلور) ٤ (منتہ دلیل ډیر خوا خاوی پہ ځایےده دے چہ درے یا څلورګنتے وی -

یقین جوړ شیی خپل عمرمہ خایہ کلہ چہ تا خپل هغہ عمرمہ خایہ کلہ چہ تہ خپلہ تجربہ نوروتہ والي نو دا پہ یو کافرباندے څہ اثر نہ پر یباسی -

کہ چرتہ هغوی ځوانان وی او ستا خبره و ا وری نو هغوی بہ والي چہ مونګ کینے لا وخت شتہ دے دوستہ بہ یقین جوړکړو - اوکہ چرتہ تانہ پہ عمر کینے ذبات وی نو والي بہ چہ مونګہ نہ موقع تیره شوے ده - انجیل والي نن د معافی ورځ ده- د بدلي پہ وخت کینے خپل عمرویلوسره حالات خرابیګی -

د عیسائیت زبان مه استمالوي

که چرته خلق دلګ وخت دپاره هم یقین والا جوړشوی وی نو هغوی د عیسائیت زبان استمالوی - هغه متل استمالوی لکه» په وینه کینے او لمبیدو « یا « چرچ په خوالاړم « یا «ما تبلیغی سره منبرے او کړے « د غیر یقین والاؤ دپاره عجیبه لګی - نو په کار ده چه د عیسائیت ژبه استعمال نه کړے او ځده کونکی په آسانه سره ځده کړی-

د حافظي ایت

کورنتیانو اول ۱۵:۳،٤- ما دَ تولو نه وړُومبے هغه اهمه خبره در ورسوله ګومه چه ما ته رارسیدلے وه چه مسیح دَ کتابِ مُقدس په مُطابق زمونږ دَ ګناهُونو دَ پاره مړ شو، ٤ اَوْ ښخ شو اَوْ دَ کتاب مُقدس په مُطابق په دریمه ورځ بیا ژوندے پاځیدلو.

- ټول پاسئ او په یو ځاې لس وار ی د حافظي ایت اوواېئ. وړومبي شپږ (۶) ځل زده کونکي د انجیل یا د طالب علمانو د کتاب نه اووایئ اخري څلور (۴) ځل په یادو اووایئ. زده کونکي به هر ځل د وینا نه مخکښي حواله ورکوي او د ختمیدو نه پس دي کیني.

عمل

- ځده کونکوته اووایه چه خپله تجربه به پا ړو باندے اولیکي ښنګه چه ما تا سوته اویلے- وایه تا سو سره لس (۱۰) منته دی- او خپل تولګی کینے چا ته اووایه چه دا راتول کړی
- لس (۱۰) منته بعد تولوته اووایه چه خپل قلم کیګدی- چا ته اووایه چه راشی او دا تجربه خپل ګروپ ته حواله کړی
- یوځو منته خاموشه شه بیا تول ګروپ له خپله تجربه ورکړه
- خلقوته به ډیرآرام میلاؤشی

- ځنګه چه مونګه اویل هم راسے خپل دلیل پیش کړه -په آخره کینے خپله ټوله منبره په تربیت سره بیان کړه اوتپوس او کړه چه ما دا صحیح بیان کړه او که نه-
- د عمل په آخری حصه کینے به ته یوه ګړے استمالوی چه څده کونکی پکینے وخت ګوری- څده کونکی په جوړو کینے تقسیم کړه اووایه تا سو سره پنځه منته دی چه خپل تجربه اووایے- چه کوم کس تیزګریګی هغه به مشروی- کوم چه مخکے لا ړشی –
- په جوړه کینے ړومبی کس ته درے (۳(منته بعد اووایه چه خاموشه شه - د هغه د ملګړونه تپوس او کړه چه د صحیح بیان او کړواو که نه : بیا په ټولګی کینے بل چا ته او وایه چه درے)۳(منته دپاره دلیل پیش کړی- هم دغه سے بیا تپوس او کړه -
- کله چه دواړه ملګری او کړی- بیا ورله نوے ملګرے ورکړه- بیا او ګوره چه د چا آواز پکینے تیز دے اوبیا د تجربه او والي -کوشش او کړه چه ټولګی څلورځل په جوړه کینے تقسیم شی-
- کله چه سبق یو بل ته او خالي- وایه اوس سوچ اوکړے چه تا سو یه د تربیت نه بعد چا ته دا سبق خایے- د سبق دا ول صفحه د پا څه د هغه نوم او لیکي-

مالګه اواوبه ↄ𝔑

په دے منبره زور و کړه چه دزړه نه کار کول څو مره اهم دی

-پخه میوه همیشه ډیره خواګه وی- دا خواګه وی او تاله مزه در کوی- کله چه څه د میوے سوچ کوم ماله مزه را کوی او څما خوله کینے او به راځی- ماله چل راځی چه میوه به نوره خو ګاوي-

لګه شان چینی پکینے وا چوے- بیا به ډیره مزه او کړی- څه خویے اوس خوا ړل نحواړم -هم دغه شان هر کله چه تا سوخپله تجربه والي نودخدے لفظ ډیرخوګ وی لکه د میوے - مونګ له کتل پکار دی چه خدے ډیرخوګ دے-

خوکله چه تا سود زړه نه والي نو ده دے مثال داسے دے لکه چه ميوه خورے - او چينی پکينے واچے دا ډيره مزه کوی - نو کله چه بل ځل تا سو ملګريسره والي نوځه نغواړم چه تا سو ډيره چينی وا چوے-

اختتام

څوک به ورک شوی)٤٠(کسان ځرا وليکی ☙

- هرکس ته اووايه چه کاپی داوباسی او ديونه واخله څلويخت پورے هندسے او ليکی- مونګ يوه مقابله شروع نو تا سو شروع او کړے اود څلويبت)٤٠(غيريقين والاؤنامے او ليکے-
- که هغوی ته نامے نه وی يادے نو داسے او ليکی لکه چه بالي يا دکاندار-چه آوازنه وی شوے نو شروع مه کوي-
- بعضے کسانو باندے به ډيره تا دی وی- دابه مدد ور کړی ځده کونکو ته چه خپل قلم دا واخلی کله چه ته هغوی ته هدايات ور کوے-
- مقابله شروع کړه او کله چه ختمه مشی نوټول او د راوه- اول دويم دريم ته انعام ور کړه- دوه وحے دی چه يقين وال خپله تجربه نه والي- هغوی والي چه څنګه او چا سره بيان کړو- په دے سبق کينے مونګه دواړه مسلے حل کړے- تا ته پته ده چه څنګه به خپل تعليمات والي او کوم کسان چه په لسټ کينے دی هغوی ته به يے والي-
- ځده کونکوته او وا يه چه کوم پنځوکسانونه به تعليم ورکوی التہ مشورے جوړ کړه- هغوی ته او وايه چه راروانه هفته دا کار او کړه - خپل اوس ته او ګو رے - پنځه ګو تے به تا ته دا ياد کړی چه ته به روزانه پنځو ورک شوو کسانوله دعا کوے - کله چه ته هر قسمه کار کوے دا ګوتے به تا ته رايا دوی
- ټولګی ته اووايه چه د ورک شو و کسا نود پاره په شريکه دعا او کړی- دعبادت وخت نه پس ټولو ته يو تافی ور کړه اووا يه ته ګټونکے يے ځکه چه تا چل ځده کړوچه چا سره به دليل والي او څنګه به يےوالي-

MY ACTS 29
N
E
S
W
sick people
school
my friend
family
Bible school
RIVER
RIVER
Poor people
Military Base
Football Field
Lake

۹

کرونده

کرونده د حضرت عیسی پیژندګلی د یو کرونده ګر په حیث کوی - کرونده ګر تخم کری، د خپلو زمکو خسمانه کوی او په زیات فصل کیدو د خوشحالی اظهار کوی - حضرت عیسی یو کرونده ګر دے او هغه مونږ سره اوسیږی - کله چې مونم د هغهٔ پیروی کوؤ نو مونږ به هم لکه ښهٔ کرونده ګر یو - کله چې مونږ لږ تخم کرو نو لږ فصل ریبو او کله چې زیات کرو نو زیات رېبو - مونږ له د خلقو په ژوند کښې څه کرل پکار دی؟ مونږ دوئی ته بس یوه مطلق خوشحالی ورکؤلے شو او د خدائے پاک کورنۍ ته ئې واپس راوستے شو -

مونږ چې یو ځل دا پوهه شو چې خدائے پاک د یو انسان په ژوند کښې کار او قدرت لری نو مونږ هغهٔ سره مطلق خوشخبری شریکؤلے شو - مونږ پوهیږو چې ددې حفاظت د خدائے پاک طاقت دے -

تعریف

- چا ته اوواته چې د خداې د موجودګئ او رحمت دپاره دعا اوکړي
- بیا دوه مقدسي ګاني اووایه

دعا

- زده کونکي په داسې جوړو کښې تقسيم کړی چې مخکښې نه وي ملاو شوي.
- هر ملګرې د خپل ملګری سره د دې سوالونه مشق کوي

۱. څنګه به مونږ د هغه کسانو دپاره دعا وکړو کوم چې ورک شوي دي
۲. څنګه به مونږ د هغه ګروپ دپاره وکړو کوم له چې تربيت ورکوې.

- که چرته يو ملګري لا د تربيت کار نه وي شروع کړې نو هغه له دعا وکړې چې هغو صحيح کار شروع کړي.
- ټول ملګري دې يو ځاې دعا وکړي

مطالعه

جايزه

د هرې جايزی سيشن يو شان وي. زده کونکي ودراوه او زده سبقونه ترې واوروه. پکار ده چې هغو د لاسونو حرکت هم کوي.

هغه اته (۸) تصويران کوم دي کوم چې د عيسې په تابعدارئ کښې زمونږ مدد کوي؟

سپاهي .محنت کونکي. ګډبه. زميدار. ځوي راهب. مقدس. ملازم فورمين.

فرمان برداري کوې

هغه څه چې درې شيان لري يو مامور دی؟
هغه څه چې څلور دي، چې فرمانونه عيسي ته ور هر ورور دی؟
فرمان برداري، چې څنګه مونږ بايد ماته يسوع؟
وفا و څه ده ته ور په عيسي ورور دی؟
دی چې تر ټولو واکمن؟

تک

هغه څه چې درې شيان لري يو زوی دی؟
هغه څه چې د واک د سرچينې په عيسي د وزارت په دي؟
نيته و عيسي هغه څه چې په اړه د سپېڅلي همت گروهنان له هغه وروسته حشر؟
نيته و عيسي څه په اړه د سپېڅلي همت گروهنان څخه دمخه د؟
هغه څه چې څلور فرمانونه په اړه د جهاد په همت؟

ځه

هغه څه چې درې شيان لري يو طالب؟
انفصال و، چې څنگه چې ماته يسوع ته د وزير؟
انفصال څنگه چې موږ ته د وزير؟
څنگه به موږ پوهيږو چې خداې چيرې دې کار کوي؟
چې دا کار عيسي؟
چې هلته يو بل ځای عيسي کار کوي؟

خلقوته اووايے

هغه څه چې درې شيان لري يو تن عسکر؟
موږ دا څنگه ماتې ابليس؟
هغه څه چې دا يو پياوړي شاهدي لو بهرليکه؟
هغه څه چې يو شمېر مهم پيروي ته؟

عيسی د څه په شان دې؟

*متی ۱۳:۳٦،۳۷- **هغهٔ بیا خلق رُخصت کړل اَوْ کور ته ورننوتو اَوْ مُریدان ورته راغلل اَوْ ورته ئے ووئیل چه"مُونږ په پټی کښے دَ جمدر په مِثال پوهه کړه." هغهٔ په جواب کښے ووئیل چه "ښهٔ تُخم کرُونکے اِبن آدم دے،***

"عېسائه يو کرونده او الله د دغه حاصل دي"

☝ د يوناما له خوا تارپهتار

بنیادی راہبان جوړول

کوم دريِ ځیزونه یو کرونده گر کوی؟

مرقس ٤:٢٦، ٢٩ -عیسیٰ ووئیل،"دَ خُدائے بادشاهی داسے ده چه یو سړے په مزکه تُخم کری. هغه دَ شپے اُودهٔ شی اَوْ سحر پاځی اَوْ تُخم زرغُون شی اَوْ لوئے شی. دا څرنګه؟ هغه په دے نهٔ پوهیږی. مزکه له ځان نه غله پخپله پیدا کوی،وړُومبے تیغ،بیا وَږی اَوْ بیا په وَږی کښے تیارے دانے. خو هر کله چه فصل پوخ شی نو هغه ورپسے لور راواخلی ځکه چه دَ فصل دَ ریبلو وخت راغلے وی."

١: کرونده گر ښهٔ تخم کری.
٢: کرونده گر د خپلو زمکو خسمانه کوی.
٣: کرونده گر د ښهٔ فصل طمع لری -

حضرت عیسی یو کرونده گر دے او زمونږ دننه اوسیږی - هغه هاغه وخت زمونږ په زړونو کښې ښهٔ تخم کری کله چې شیطان گنده تخم کری - حضرت عیسی چې کوم تخم کری هغه ابدی ژوند ته زمونږ رهنمائی کوی - که مونږ د هغهٔ پیروی کوؤ نو مونږ به هم ښهٔ کرونده گر شو - مونږ به د خوشخبرئ ښهٔ تخم کرو - او خدائے پاک چې مونږ چرته لیږی نو هلته به د زمکو ښهٔ خسمانه کوؤ - او مونږ به د زیات فصل طمع لرو -

مطلق خوشخبری څه شے دے؟

لوقا ٢٤:١، ٧-خو دَ اِتوار په ورځ سحر وختی ښځے قبر ته راغلے اَوْ هغه تیار کړے خُوشبوئ ئے دَ ځان سره راوړے. اَوْ دَ قبر نه ئے کانړے رغړیدلے ولیدو. هغوئ دَ ننه ورغلے خو دَ مالِک عیسیٰ لاش ئے هلته ونهٔ مُوندلو. دوئ لا په دے واقعه حیرانے ولاړے وے چه ناڅاپی دوه سړی په بریښناکو جامو کښے دَ هغوئ خوا کښے ولاړ

وُو. هغوئ وویریدلے اؤ خپل سرُونه ئے مزکے ته تیټ کړل خو هغوئ ورته ووئیل چه"ژوندے په مړو کښے څله لټوئ؟ هغه دلته نِشته،هغه پاڅیدلے دے. تاسو رایاد ے کړئ هغه خبرے چه په ګلیل کښے ئے درته کړے وے چه اِبن آدم په څنګه دَ ګناه ګارو سړو په لاس حواله کیږی اؤ په سولئ به شی اؤ په دریمه ورځ به ژوندے پاڅی."

اول

خدائے پاک یوه عالی شانه دنیا پیدا کړې ده ۔

- خپلو لاسونو سره یوه لویه دائره جوړه کړئ

هغۀ بنیادم د خپلې کورنۍ یو کس جوړ کړو

- لاسونه خپلو کښې جوخت کړئ

دویم

بنیادم د خدائے پاک نافرمانی کوی او په دنیا کښې ګناه او مصیبت راولی ۔

- موټے اوچت کړئ او لکه د مقابلې او جنګ کؤلو انداز جوړ کړئ

نو ځکه بنیادم د خدائے کورنۍ پریښوه ۔

- لاسونه خپلو کښې جوخت کړئ او بیا ئې په یو ځل زوړند کړئ

دریم

خدائے پاک خپل ځوئے حضرت عیسی په زمکه راؤلیږو - هغهٔ یو مکمل ژوند تیر کړو -

👋 لاسونه سر د پاسه اوچت کړئ او بیا ئې خکته راولئ

حضرت عیسی زمونږ په ګناهونو په صلیب اوختو او وفات شو -

👋 د دواړو لاسونو منځنئ ګوته د بل لاس په تلی کیږدئ

هغه دفن کړے شو -

👋 کس لاس سره بنئ لیچه اونیسئ،لیچه په ورستو بوځئ لکه چې هغه دفن کوّلے شی

خدائے پاک هغه په دریمه ورځ ژوندے راپاسؤ -

👋 لیچه دریو ګوتو سره ورستو پورته کړئ

خدائے پاک اوکتل چې حضرت عیسی زمونږه ګناهونو د پاره قربانی ورکړه او هغه ئې قبوله کړه

👋 لاسونه داسې خکته کړئ چې تلی ئې بهر طرف ته وی او بیا لیچې پورته کړئ او په خپله سینه ئې په کراس کښې لاندې باندې کیږدئ

څلورم

هاغه خلق څوک چې دا یقین لري چې حضرت عیسی د خدائے پاک ځوئے دے او ددوئی د ګناهونو قیمت ئې ادا کړے دے

- د هاغه یو کس په طرف لاس اوچت کړئ په چا چې یقین لرئ

د هغهٔ په ګناهونو پښیمانی ---

- د لاسونو تلی په بهر طرف او د مخ پرې پټ کړئ او سر واړوئ او اووایئ

لاسونو نه کښول ---

- جوړ کړئ

او واپس د خدائے پاک کورنۍ ته په راتلو هر کلے

- لاسونه په یو بل کښې جوخت واچوئ

آیا تهٔ د خدائے پاک کورنۍ ته واپس راتلو ته تیار ئې؟ اوس په شریکه دعا اوکړئ

خدائے ته اووایه چې تهٔ یقین لرې چې هغه یو مکمل او عالی شانه دنیا پیدا کړه او خپل ځوئے ئې ورته اولیږلو چې زمونږه ګناهونو د پاره ئې ځان ورکړو ـ په خپلو ګناهونو پښیمانه شئ او هغهٔ ته اووایئ چې تاسو واپس په خپله کورنۍ کښې واخلی ـ

- ضروریدا وخت دا خبره یقینی کړئ چې هاغه ټول کسان چې ټریننګ کوی واقعی یقین لرونکی دی ـ دوئی ته یوه موقعه ورکړئ چې ددې تپوس جواب راکړی ـ

- آیا تاسو د خدائے پاک کورنی ته واپس تلو ته تیار یئ ؟
- ایزده کؤنکو ته مطلق خوشخبری څو څو ځله بیا بیا واوروئ - تر دې پورې چې هغوئی ئې په ترتیب ښهٔ پوهه شی - زمونږه تجربه ده چې ډیر یقین لرونکی پدې پوهه نهٔ دی چې خپل یقین او اعتماد د بل سره څنګه شریک کړو نو ځکه زیا وخت پدې خبره اولږوی چې هر یو کس د مطلق خوشخبری په مفهوم ښهٔ صفا پوهه شی -
- د ایزده کؤنکی مدد اوکړی چې هغه په ترتیب ښهٔ پوهه شی او د لاسونو حرکتونو سره سبق ښهٔ تیار شی - د اولنی نکتې نه شروع اوکړئ او څو څو ځله ئې زوت کړئ - بیا په اولنی او دویمې نکتې څو څو واره په یو ځائے نظر ثانی اوکړئ - ددې نه پس دریمه نکته شریکه کړئ او څو واره ئې زوت کړئ - بیا اولنی نکته دویمه او دریمه په شریکه اوکړئ - په اخیره کښې ایزده کؤنکو ته څلورمه نکته اوښایئ او څو څو ځله ئې زوت کړئ - اوس پکار ده چې ایزده کؤنکی ددې جوګه شی چې د لاسونو د حرکتونو سره د ټول ترتیب مظاهره ښهٔ مهارت سره څو څو ځله کؤلے شی -

د حافظې ایت

لوقا ۸:۱۵ - خو دَ ښے مزکے مِثال دَ هغه چا دے څوک چه په ښهٔ اَوْ پاک زړهٔ سره کلام واؤری اَوْ پرے مضبوط شی اَوْ په دے دَ صبر میوه راؤړی.

- هر یو کس به ولاړ وی او په یاده به لس ځله په شریکه نظم وائی - په ړومبی شپږ ځله کښې هغه خپل بائبل او یا د شاګردانو نوټسونه استعمالؤلے شی - په اخیری څلورو ځلو کښې به هغه په یاده نظم وائی - ایزده کؤنکو ته پکار ده چې هر ځل دې اول د نظم حواله راکړی چې د کوم ځائے نه ئې اخیستے دے - او چې نظم خلاص کړی نو بیا دِ کښینی -

عمل

- مهربانی اوکړئ دا اولولئ
- د کروندې د سبق مشق د نورو مشقونو نه مختلف دے ۔
- ایزده کوُنکی ته اووایئ چې د دعا ملگری ته دِ مخامخ اودریږی ۔ دواړه ایزده کوُنکی دِ مطلق خوشخبری په یو ځائے اووائی ۔ او ورسره دِ د لاسونو حرکتونه هم اوښائی ۔
- چې ړومبې جوړه دعا خلاصه کړی نو هر یو دِ ځان له نوے ملگرے اوگوری ۔ د یو بل مخامخ دِ اودریږی او د لاسونو حرکتونو سره دِ په شریکه مطلق خوشخبری اووائی ۔
- چې دویمه جوړه دعا خلاصه کړی نو ایزده کوُنکی د ِ دَ نوؤ ملگرو لټون جاری ساتی ۔ تر دې پورې چې د لاسونو حرکتونو سره دِ مطلق خوشخبری د اتهٔ ملگرو سره اووائی ۔
- کله چې ایزده کوُنکے د اتهٔ ملگرو سره دعا خلاصه کړی نو هر یو ته دِ اووائی چې مطلق خوشخبری دِ دَ لاسونو د حرکتونو سره د گروپ په شکل کښې په شریکه اووائی ۔ تاسو به حیران شئ چې څو ځله د مشق کوُلونه پس دوئی دا سرگرمی څومره په ښکلې طریقه کوُلے شی ۔

د خوشخبری د تخم کرل یاد لرل

د خوشخبری د تخم کرل یاد لرل ۔ که تاسو تخم نهٔ کرئ نو هیڅ فصل به نهٔ وی ۔ که تاسو د یوې دانې تخم اوکرلو نو بیا به لږ غوندې فصل ترلاسه کوئ ۔ که تاسو زیات تخم اوکرلو نو خدائے پاک به زیات فصل سره په تاسو خپل فضل کوی ۔ تاسو څه قسم فصل غواړئ؟

کله چې تاسو د یو کس نه دا تپوس اوکړئ چې آیا د حضرت عیسی د نورې زیاتې پیروی پاره کښې هغه پوهیدل غواړی او هغه جواب کښې هان اووائی نو د مطلق خوشخبری کرلو وخت دغه دے ۔ خدائے د هغوئی په ژوند کښې کار لری ۔

د مطلق خوشخبری تخم اوکرئ ۔ کرونده نشته= فصل نشته

حضرت عیسی کرونده گر دے او هغه د یو لوئے فصل په طمع دے ۔ د هاغه کس باره کښې یو څو لحظې سوچ اوکړه چې ددې ټریننگ نه علاوه ورته ته دا سبق لولۀلے شي ۔ ددغسې کس نوم ددې سبق د اولنۍ صفحې په سر کښې اولیکه ۔

خاتمه

بابونه ۱۲_۹۲ چرته دی؟ ☙

خپل بائبل کښې بابونه ۲۱_۲۹ راواړوه ۔

- ایزده کؤنکی به وائی چې د بابونو په کتاب کښې صرف ۸۲بابونه دی.

"زما په بائبل کښې ۲۹ بابونه دی" ۔

- یو څو ایزده کؤنکی به په مخه ځی، د اتۀ ویشتم باب اخیره ته به اشاره کوی او وائی به دوئی څخه باب نمبر ۲۹ نشته ۔

لکه چې دا اوس باب ۲۹ دے ۔ خدائے پاک گوری چې کوم پاک روح زمونږ په ذریعه کار کوی او یوه ورځ به مونږ ددې د لوستو جوگه شو ۔ تاسو هغۀ ته څه وئیل غواړئ؟ ستاسو خیال څه دے ؟ مونږ چې پرې کار کوؤ هغه نقشه زمونږ د باب ۲۹ نقشه ده ۔ او دا خیال هم چې خدائے پاک زمونږ په ژوند کښې څه کؤل غواړی ۔ زۀ د خپل باب ۲۹ خیال تاسو سره شریکؤل غواړم ۔

- د خپل باب ۲۹ خیال د خپل گروپ سره شریک کړئ ۔ دا خبره یقینی کړئ چې د دوه قسمه کسانو تصورات شامل کړے شی یقین لرونکی او یقین نۀ لرونکی ۔

خدائے د مونږ نه دا تقاضا کوی چې مونږ د هاغه کسانو سره خوشخبری شریکه کړو څوک چې یقین نۀ لری - او څوک چې یقین لری نو هاغه کسانو ته دا تربیت ورکړو چې د حضرت عیسی پیروی اوکړی او خپل یقین شریک کړی - زمونږ د باب ۲۹ نقشې د حضرت عیسی د صلیب نمائندگی کوی - او مونږ ته بلنه راکوی چې تسلیم ئې کړو - اوس مونږ غواړو چې په یو پاکیزه وخت کښې داخل شو او خپلې نقشې پیش کړو - یو بل د پاره دعا اوکړو - او د حضرت عیسی د پیروی کؤلو عهد اوکړو -

د باب ۹۲ نقشه - دریمه برخه ☙

- ایزده کؤنکو ته اووائئ چې د نوې ډسپلن ګروپ د پاره په خپلو نقشو د کم نه کم په دریو مقاماتو دائرې اولږوی - دوئی دِ دَ ممکنه ګروپ لیډر نوم هم اولیکی - او د دائرې په خوا دِ دَ ممکنه کوربه کورنۍ نوم اولیکی -
- که دوئی یو ګروپ شروع کړے وی نو کار دِ جاری ساتی او دا نومونه دِ په نقشه اولیکی - که دوئی لا یو ګروپ نۀ وی شرع کړے نو دوئی ته واضحه کړئ چې خدائے پاک چرته کار کوی؟
- دا اخری وخت دے چې ایزده کؤنکی خپلې نقشې د پیش کؤلو نه مخکښې تیارې کړی - که ضرورت وی نو زاید وخت ورته ورکړئ -

۱۰

راواخلئ

را اخیستل د سیمینار د راغونډولو سیشن دے ۔ حضرت عیسی مونږ ته د خپل صلیب اوچتولو او هره ورځ د هغې د پیروی کولو حکم کړے دے ۔ د باب ۲۹ د نقشې تصویر د صلیب دے چې حضرت عیسی هر ایزده کونکی ته د خپلولو حکم کړے دے ۔

پدې اخری سیشن کښې ایزده کونکی دِ دَ باب ۲۹ نقشه ګروپ ته پیش کړی ۔ د هر یو پیش کش نه پس ګروپ دِ خپل لاسونه په پیش کونکی او د باب ۲۹ په نقشې خوارهٔ کړی ۔ د خدائے رحمت د پاره دِ دعا اوکړی او لاسونه دِ په مخ راکاږی ۔ بیا دِ دا ګروپ هاغه پیش کونکی ته دا چیلنج ورکړی چې هغه دِ حکمونه دوباره اووائی ۔ خپل صلیب پورته کړئ او د عیسی پیروی اوکړئ ۔ ایزده کونکی به درې ځله د باب ۲۹ نقشه پیش کوی تر دې پورې چې ټول کسان ختم شی ۔ د ټریننګ وخت به د عبادت د سندرې سره سر ته رسی ۔ چې د پیروی کولو عهد به پکښې وی ۔ او اختتامی دعا به د یو مستند روحانی مشر له خوا وی ۔

تعریف

- چا ته اوواته چې د خداې د موجودګئ او رحمت دپاره دعا اوکړي
- بیا دوه مقدسي ګاني اووایه

دعا

- په رسمیت پیژندل شوې غوښتنه روحاني مشر په ډله کې د خدای ته د دعا په برکت د دغه وخت د ژمنې کوي.

جایزه

د هرې جایزی سیشن یو شان وي. زده کونکي ودراوه او زده سبقونه ترې واوروه. پکار ده چې هغو د لاسونو حرکت هم کوي.

هغه اته (٨) تصویران کوم دي کوم چې د عیسې په تابعدارئ کښې زمونږ مدد کوي؟

سپاهي .محنت کونکي. ګدبه. زمیدار. څوي راهب. مقدس. ملازم فورمین.

ضرب

هغه څه چې درې شیان لري یو صاحب کار؟
هغه څه چې د خداې ته د لومړی سړی دی؟
هغه څه چې د تېرې عیسي ته سړي دي؟
زه به څنګه وي او میوه داره ضربوي؟
هغه څه چې د نومونو د دوه سیندونه د اسراییلو کې واقع ده؟
ولې هغوی له دې امله بېلا بېلو؟
چې ته غواړې چې ته د؟

محبت

هغه څه چې درې شیان لري یو شپون؟
هغه څه چې تر ټولو مهم دی ته نور تعلیم؟

مینه لري، چې له دي؟
عبادت ساده ده، چې څه دي؟
ولې موږ عبادت ساده؟
څومره خلک دا کار ته بوزي بندی کوم عبادت؟

دعا

هغه څه چې درې شیان لري د ابدال؟
نمونځ، چې څنګه موږ باید؟
به څنګه چې موږ د خدای خبره؟
هغه څه چې د خدای د تلیفون شمېره؟

فرمان برداري کوې

هغه څه چې درې شیان لري یو مامور دی؟
هغه څه چې څلور دي، چې فرمانونه عیسي ته ور هر ورور دی؟
فرمان برداري، چې څنګه موږ باید ماته یسوع؟
وفا و څه ده ته ور په عیسي ورور دی؟
دی چې تر ټولو واکمن؟

تک

هغه څه چې درې شیان لري یو زوی دی؟
هغه څه چې د واک د سرچینې په عیسي د وزارت په دي؟
نیټه و عیسي هغه څه چې په اړه د سپېڅلي همت ګروهنان له هغه وروسته حشر؟
نیټه و عیسي څه په اړه د سپېڅلي همت ګروهنان څخه دمخه د؟
هغه څه چې څلور فرمانونه په اړه د جهاد په همت؟

ځه

هغه څه چې درې شیان لري یو طالب؟
انفصال و، چې څنګه چې ماته یسوع ته د وزیر؟
انفصال څنګه چې موږ ته د وزیر؟
څنګه به موږ پوهیږو چې خداې چیرې دې کار کوي؟
چې دا کار عیسي؟
، چې هلته یو بل ځای عیسي کار کوي؟

دننني غږ

کورنتیانو اول ۹:۱٦ - که زَهٔ زیرے آؤروم نو په دی څهٔ فخر نهٔ کوم ځکه چه دا خو زما فرض دی. بلکه افسوس دے په ما،که زَهٔ زیرے وانهٔ وروم!

د پال دننه یو پاک روح هغه مجبوره کړو چې خوشخبرۍ د نورو سره شریکه کړی - دا

پاک روح مونږ ته غږ کوی چې خپل صلیب پورته کړو او خوشخبری د نورو سره شریکه کړو -

دا غږ دننه نه دے -

دننه
د اشارې ګوته د خپل زړهٔ په طرف اونیسئ.

بهرنے غږ

اعمال ۹:۱٦ - آؤ دَ شپے پولوس رویا ولیده چه یو مِکدونی سړے ولاړ دے آؤ دا خواست ورته کوی چه"مِکدونیه ته راپورے وزه آؤ زمُونږ مدد وکړه!"

پال ایشیاء ته د تلو منصوبه جوړه کړه خو پاک روح هغه پدا وخت تلو ته پرې نهٔ ښودو - د هغهٔ نکته نظر دا ؤ چې میکی ډونیا نه یو کس د هغهٔ سره په وکالت کښې ؤ چې هغه راشی او د ښهٔ خبرو وعظ اوکړی - د ټولې دنیا هاغه خلق او ګروپونه چې رسائی ورته نهٔ ده شوې ، مونږ ته غږ کوی چې خپل صلیبونه پورته کړئ او خوشخبری ورسره شریکه کړئ -

دا بهرنے غږ دے

بهرنے

✋ د ګروپ په مخه لاسونه په دعائیه انداز کښې اونیسئ او داسې اشاره اوکړئ ,, دلته راشئ،،

- د لاسونو اشارو سره د ځلورو غږونو څو وارې اعاده اوکړئ ۔ ایزده کوُنکو نه تپوس اوکړئ چې دا غږ دچا دے ؟ د کوم ځائے نه راځی او څه وائی؟

پیشکش

د باب ۹۲ نقشې ☙

- ایزده کوُنکی د اتۀ اتۀ کسانو په ګروپونو کښې تقسیم کړئ ۔ یو مستند روحانی مشر دِ په کښې شامل کسانو د هر ګروپ قیادت اوکړی ۔
- ایزده کوُنکو ته د کار کوُلو د وخت تفصیل اوښایئ ۔ ایزده کوُنکی دِ دَ باب ۹۲ خپلې نقشې د دائرې په منځ کښې کیږدی او خپل ګروپ ته دِ پیشکش د پاره اوګرځی ۔ دې نه پس دِ دَ ګروپ کسان د باب ۹۲ په نقشې لاسونه خوارۀ کړی او د خدائے د طاقت او په هغوئی د رحمت دعا دِ اوکړی ۔
- هر یو کس دِ په دغه وخت ایزده کوُنکی د پاره په اوچت اواز دعا اوکړی ۔ د ګروپ مشر دِ روحانې قیادت سره د دعا وخت ختم کړی ۔
- پدې ځائے دِ ایزده کوُنکی خپلې نقشې راغونډې کړی، په خپله اوګه دِ کیږدی او ټول ګروپ دِ دا اووائی: ,, خپل صلیب پورته کړئ او د عیسی پیروی اوکړئ،، درې وخته هم آهنګی سره ۔ دې نه پس دِ بل ایزده کوُنکے خپله نقشه پیش کړی او کاروائی دِ بیا د سره شروع کړی ۔

- دې نه ړومبے چې تهٔ کار شروع کړې، ایزده کوٌنکی ته وایه چې دا یو ځل بیا اووائی: ,, خپل صلیب پورته کړئ او د عیسی پیروی اوکړئ،، درې وخته - دوئی چې دا اوکړی نو بیا دِ هر کس خپله نقشه پیش کړی - دا به هر کس ته په دا فیصله کوٌلو کښې مدد ورکوی چې هم آهنگی سره به جُمله څنګه ادا کوی -
- کله چې د ګروپ هر یو کس خپله نقشه پیش کړی نو ایزده کوٌنکی به یو بل داسې ګروپ کښې شامل شی چې لا ئې کار نهٔ وی خلاص کړے - په سیمینار کښې شامل ټول کسان به په یو لوئې ګروپ کښې جمع شد
- د ټریننګ د وخت په ختمیدو به د عبادت په توګه د پیرځوونې یوه سندره وائی چې د ګروپ کسانو د پاره مفید وی

برخه ۳

حواله

نوره مطالعه

د دې پیش کړې شوې موضوع د ژور بحث دپاره دی لاندې مواد ته رجوع اوکړی. د مشن د کار په نورو علاقو کښې،د انجیل نه پس د ترجمه شوو اولنو کتابونو ښه لسټ دې

بلهیمرپال (۱۹۷۵)، *ډستینډ فار دی ترون* کرسچن لټریچرکروسیډ-

بلیکا بی، هنری ټی. اینډ کنګ، کلاوډ وی (۱۹۹۰). *اکسپیرینسنګ ګاډ: نوئنګ اینډ ډوئنګ دا ول آف ګاډ*. لا ئف وے پریس

برا ئټ ,بل (۱۹۷۱). *باؤ ټو بی فلډ ود دا ہولی سپرټ* . کمپس کروسیډ فورکرسټ.

کارلټن, ر . بروس (۲۰۰۳). *ایکټس ۲۹ : پریکټیکل ټریننګ ان فیسے لیټے ټنګ چرچ -پلانټنګ موومنټس امنګ دا نیګلیکټډ ہارویسټ فیلډز*. کیروس پریس .

چن , جوہن . *ټریننګ فور ټرینرس. (T4T)* ان پبلشیډ, نوډیټ .

ګراہم , بل (۱۹۷۸). *دا ہولی سپرټ : اکټیویټنګ ګاډ پاوران یور لا ئف* . و پبلشنګ ګروپ

هوګس ,حرب (۲۰۰۱). *ټلے ہو دا فوکس! دا فونډیشن فور بلډنګ ورلډ -وژنری , ورلډ امپکټنګ , ریپروډیوسنګ ډسی پلز*. سپریچول لایف منسټریز.

هایبلس , بل (۱۹۸۸). *ټو بزی نوټ ټوپرے* . انټرورسټی پریس .

مرے , اندریو (۲۰۰۷). *ود کرست ان دا سکول آف پرئیر* . دگورے پریس .

اوگدن, گریگ (۲۰۰۳). *ترانسفورمنگ دسی پل شپ : میکنگ دسی پلز اے فیوایت اے تایم*. انترورستی پریس

پیکر, جے. آ ئ (۱۹۹۳) . *نوینگ گاد*. انترورستی پریس.

پیترسن, جارج ایند سکوگنس , رچرد (۱۹۹٤). چرچ *ملتیپلیکیتن گائد. ولیم کیری لا ئبریری.*

پیپر , جوہن (۲۰۰٦).*وہت جیسس دماندز فرام دا ورلد* . کروس وے بوکس

پای نوٹس

۱- گیلن کرہ اینڈ جارج پیٹرسن، ترین اینڈ ملٹی پلاۓ ورکشاپ مینول(پروجیکٹ ورلڈ آؤٹ ریچ،۲۰۰۴)، ص ۸۲.

۲- کرہ اینڈ پیٹرسن، ص ۱۷.

۳- کرہ اینڈ پیٹرسن، ص ص ۸،۹.

اپینډکس اې (اضافه اې)

ترجمان نوټس (خبرداری)

لیکوال دا اجازت ورکړی چې دا مواد ورکړې چې دا مواد نورو ژبو ته ترجمه کړې شي ولې چې دا خداې حکم دې.مهرباني وکړئ لاندې اصول د نظر لاندې ساتې کله چې د ایف جی ټی مواد ترجمه کوې.

- د ترجمې کار شروع کولو نه وړاندې مونږ دا غوښتنه کوو چې وړومبې دې نورو ته تربیت ورکړې شي.ترجمه کښې د معنې خیال دې وساتلې شي او هو به هو او ټکي په ټکي ترجمه دی نه وي.مثال په طور که :روح سره تګ وکړې: ترجمه کړې شي :روح سره ژوند اوکړې: ستاسو د جلد په انجیل کښې نو :روح سره ژوند وکړې: استعمال کړې او د لاسو حرکت د ضرورت مطابق بدل کړې.
- ترجمه دې د وس مطابق په عامه ژبه کښې وي او ستاسو د خلقو په مذهبي ژبه کښې دې نه وي.
- دانجیل یو ترجمه استعمال کړې چې ستاسو د ګروپ ډیر خلق به پری پوهه شي.که چرته صرف یوه ترجمه وي او پوهیدل پری ګران وي نو په الهامي کتاب کښې هغه ټول ټکي نوي کړې چې واضح شي.
- داسې ټکي استعمالوې چې د عیسی اته (۸) وانړه تصویرانو دپاره ښه مثبت معنې لري.اکثر به تربیت کونکي ګروپ ته د صحیح ټکي معلومولو دپاره د :سم ټکي: تجربه کولو ضرورت هم وي.

بنیادی راهبان جوړول

- :ولي: د خپل کلتور مطابق داسې ټکي ته واړوه چې د هغې نه مقدس کس مراد وي. چې عبادت او دعا کوي او ډیر اوچت اخلاقي ژوند تیروي. که د :عیسی: ټکي ستاسو په ژبه هم دغه هومره تقدس لري نو ضروري نه ده چې بل مقدس ټکي دی راوړلې شي.مونږ مقدس استعمالوو ځکه چې :ولي: صحیح طریقی سره عیسی نه شي بیانولی.
- :غلام: په مثبت ټکو کښې کیدی شي ترجمه کول ګران وي خو دا هم اهم دي چې ته داسې اوکړې. خپل ټکي خوښولو کښې خیال وکړه ولې چې کوم کس ته یادوې نو هغه سخت کار کوي، عاجز زړه لري او د نورو په مرسته کولو خوشحالیږي.په ډیرو کلتورونو کښې د :غلام زړه: نظریه شته دې.
- مونږه دا تولې لوبې په جنوب مشرقي ایشیا کښې ترسره کړي دي او دا د هغه ځای د کلتور سره سمون خوري. ښه ښکاره تاسو دا په خپل کلتور کښې کولی شې خو دا خبره بقیني کړې چې داسې ټکي او نظریه استعمال کړې چې ستاسو خلق ورسره بلد وي.
- مونږه به ستاسو د کار باره کښې اوریدل خوښوو او په هره طریقه که کولې شو مرسته به کوو. مونږه سره په translations@followjesustraining.com

باندې رابطه وساتې چې مونږ یو ځای کار اوکړو او ډیر خلق د عیسی په پیروکارې وینو

اپینډکس بي (اضافه بي)

اکثر تپوسلې سوالونه

١. د :بنیادي مریدانو جوړول: غټ مقصد څه دې.؟

د یو ښه ګرجي او پایدارتحریک بنیادي څیز د پیروکارو یو ګروپ دې چې عبادت،دعا، انجیل مطالعي او د عیسی حکم ته یو بل تیارولو دپاره یو ځاې کیږي.زمونږ مقصد دا دې چې مونږ خلق مضبوط کړو چې د عیسی د منصوبې (قانون،حکم) تابعداري وکړي او د دی دپاره مونږ د هغو تربیت کوو.چې دوي د منصوبې وړومبې درې (٣) کارونه اوکړي. خداې باندې مضبوط شي، انجیل خور کړي اومریدان جوړ کړي.نایب توب بعضو وختونو کښې یو تیزونکې دې خو دا :مرید بل مرید جوړول: باندې څه غرض نه لري.زمونږ د تجربې مطابق د ډیرو پیروکارو د انتقال قسم ټولګو کښې ناسته نه وي شوي، کوم چې د مریدانو ګروپ جوړوي.:مرید بل مرید جوړول: تحریک کښې خاندانونه په خانداني مینه کښې مریدان جوړوي. ګرجي په :مریدانو ګروپونو: کښې خپل ارکان مریدان کړي او یا اتوار سکول کلاسونو کښې. واړه ګروپونه د خپلو ارکانو تربیت کوي چې څنګه به یو بل مرید جوړوی او :نوي چرچ جوړونکې پلانټ: اکثر د وړو مریدانو ګروپ نه شروع شي. په تحریک کښې :مریدانو ګروپونه: هر چرته وي.

۲. په تربیت او ښودلو کښې څه فرق دې.؟

ذمه داري (ضمانت). ښودل ذهن ته ورکړه کوي خو تربيت زړه او لاسونو ته ورکړه کوي. د ښودلو په ماحول کښې يو استاد ډير څه واي او شاګرد يو څو تپوسونه کوي. د تربيت په ماحول کښې زده کونکي ډير څه واي او استاد يو څو تپوسونه کوي. د ښودلو د سيشن نه پس عمومي سوال دا وي :ايا ستا خوښ شو دا؟: يا :ته په دې پوهه شوې؟: د تربيت د سيشن نه پس د كار تپوس دا وي :ايا دوي به دا اوکړې شي؟:

۳. زه به څه کوم که چرته په مقرر وخت کښې ما سبق ختم نه کړې شو.؟

په ايف جى تې د تربيت عمل ډير اهم دې.ښودونکي يواځې نصاب نه زده کوي بلکه دا هم زده کوي چې څنګه به نور تربيت کوې؟ د مطالعې سيشن په نيمه کښې تقسيم کړه که چرته په يو سيشن کښې سبق نه شي پوره کولې. دا ډيره ښه ده چې د تربيت عمل جاري اوساتې. سبق په دوه حصو کښې تقسيم کړې او تربيت عمل ته حصه پريګدې.يو عام لالچ دا وي چې ذمه دارئ او عمل وختونو باندې سترګي پټې کړې شي نو دې وجې نه مواد د عام انجيل د مطالعې په شان وي. د زياتولو دپاره اهم خبره ذمه دارى (احتساب) او عمل دې.په دې سترګي مه پټوه بلکه د مطالعې سيکشن په دوه ملاقاتو کښې تقسيم کړه او د تربيت عمل روان اوساته.

۴. ايا ته ماته څه نظريه راکولې شې چې څنګه شروع وکړم.؟

د ځان نه شروع اوکړې. ته هغه څه نه شي ورکولې چې کوم ستا سره نه وي. سبقونه زده کړه او د روزانه په بنياد باندې خپل ژوند کښې اوکړه.دا عامه غلطي مه کوه چې ته به نورو تربيت کولو نه وړاندې څه خاص حد ته رسې. دا هم رشتيا دي چې ته څه نه شي ورکولې هغه ته نه شي لرلې. كه ته پيروكار يې نو مقدس روح

تا کښې اوسي او دا خبره د دې ګارنټي ورکوي چې ته اوس هغه ضروري حد ته رسیدلې یې چې نور خلق تربیت کړې.اګرچه دا رشتیا دي چې ته هغه څه نه شې ښودلې نورو ته چې تا خپله زده کړي نه وي خو دا هم رشتیا دي چې ته هغه څه نه شې زده کولې چې تا نورو ته ښودلې نه وي.دا اوکړه او څه په پوره اختیار سره نور تربیت کړه. کله چې ته خداې سره شې چرته چې هغه کار کوي نو هلته به د نورو خلقو د تربیت کولو ډیرې موقعې وي. پنځه (۵) کسانو له په هغه زور سره تربیت ورکړه په کوم سره چې به ته پنځوس (۵۰) کسان تربیت کوې او هم دغه شان ۵۰ کسانو له هغه تربیت ورکړه څنګه چې به ته ۵ کسانو له تربیت ورکوې. لږ کره لږ ریبه ډیر کره ډیر ریبه. د نتیجې فصل ستا د هغه ذمه دارئ سره ډاریکټ تعلق لري په کومه ذمه دارئ چې ته نورو ته تربیت ورکوي.

۵ :پنځو اصول: څه شې دې؟

مخکښې د دې نه چې زده کونکي دومره اعتماد اولري چې بل کس تربیت کړي پکار ده چې وړومبې یو سبق پنځه (۵) ځل عمل کړي. په اول ځل به زده کونکي واې :دا څومره ښه سبق وو مننه: په دویم ځل (چې سبق اوښایئ) نو واې به :زما خیال دې چې زه دا سبق ښودلې شم خو یقیني نشم ویلی: په دریم ځل زده کونکې واې :د ښودلو دپاره سبق دومره ګران نه دې څومره چې زما خیال وو. کیدی شي زه دا اوکړې شم: په څلورم ځل زده کونکې واې :زه وینم چې دا سبق څومره اهم دې او دا زه نورو ته ښودل غواړم. دا خو هرځل اسانیګي: په پنځم ځل زده کونکې واې : زه د نورو تربیت کولې چې هغه د نورو تربیت اوکړي او زه دا باور لرم چې د دې سبق په وجه به خداې زما د ملګرو او خاندان زندګیانې بدلې کړي. د یو سبق، عمل په لیدلو او کولو مشتمل دې. نو په دې وجه مونږ دا تاکیدوؤ چې تربیت دې دوه (۲) ځل اوکړې شي. زده کونکي دی اول د خپل عبادت ملګري سره عمل اوکړي او بیا د بل ملګري سره دی سبق اوکړي

۶. ته ولې دومره د لاس حرکتونه استعمالوې.؟

په اول کښې به دا ماشومانو خوې ښکارې خو ډير زر به هغو دا اومني چې دا طريقه په موادو زر يادلو کښې د هغو مددگاره ده.د لاسونو حرکتونو د هغه کسانو مدد کوي کوم چې په حرکاتو او ليدلو سره زده کول کوي.

دا لاس په حرکاتو کښې احتياط کوه البته دا خبره يقيني کړه چې ته کوم حرکات کوې دا چرته د هغه ځاې د رسم مطابق څه بې خونده او کچه حرکت نه وي او نه يې څه بل څه مطلب وي. مونږ دا حرکات په څو جنوبي ايشايي ملکونو کښې ترسره کړې دي خو بيا هم د کولو نه مخکښې چيک کول ډير ښه دې. ته په دې مه حيرانيگه که چرته ډاکټران،وکيلان يا نور تعليم يافته خلق زدکړې نه خوند اخلي او دغه د لاسونو حرکتونه کوي. په اخر کښې مونږ اکثر دا تبصره اورو : دا سبقونه زه نورو ته ښودلې شم. هغو به پرې پوهه شي او وه به يې کړي.

۷.دا سبقونه ولې دومره ساده دي؟

عيسى په ساده، او په اسانۍ سره د يادولو انداز کښې تربيت ورکړې دې. مونږ د حقيقي ژوند مثالونه (لوبې) او قصې ځکه استعمالوو چې دا هغه څه دې چې عيسى کړي وو.زمونږ يقين دې چې يو سبق به صحيح منتقل کړې شي که چرته هغه د توليه تيست پاس کړي. (ايا يو سبق د روټۍ په غاړه په توليه ليکلې شي او زده کونکي يې منتقل کولې شي؟)

په ايف جې تې کښې سبقونه :پخپله اوښاې: او په مقدس روح باندې انحصار کوي چې ښه ځړي اوکرى. په منتقل کولو کښې ساده توب ډير اهم خبره ده

۸. هغه کومه عامه غلطي ده چې د تربيت په وخت يې خلق کوي؟.

- هغو د تربيت په :ذمه دارئ: اړخ سترګي پټې کړې. عام وړوکي ګروپ ملاقات په عبادت، دعا او انجيل دعا باندې مشتمل وي.تربيت دغه درى (۳) لري خو د عمل په وخت :ذمه دارى (احتساب): هم ورسره شي. ډير خلق دا يقين كوي چې ګنى هغو په مينه سره د چا ذمه داري (احتساب) نه شي كولې نو ځكه دا حصه پريږدي.كه چرته غير اندازةً تپوسونه اوكړې او مثال جوړ كړى نو ګروپ د يو بل ذمه داري كولې شي او ډير ګټور روحاني خير ليدلې شي.
- توجه دى په ډيرو نه بلكه په لږو وي.د يوى يوى مريدئ نظريه داسې ښه ده خو په عمل كښې شاته پاتې شي.د انجيل اصول په يو وړوكي ګروپ ماحول كښې مريدان جوړوي. عيسى ډيروخت د پيټر، جيمز او جان سره تير كړې. د يو څو كسانو ګروپ په مريدانو جوړولو كښې د پيټر مدد وكړود يروشلم په ګرجه يې ورسره لاس اوكړو.

د پال خطونه د هغه خلقو د لستونو نه ډک دي كوم چې هغه مريدان جوړ كړل. په حقيقت دې چې ته كوم خلق تربيت كوي په هغى كښې صرف ۵۱ نه ۲۰ فيصد پورى خلق به په خپله تربيت كونكي جوړ شي. په دې حقيقت بې حوصلې كيږه مه. هم به دى شرح شره به خداې يو :مريدان جوړونكي: تحريک راولي خو كه چرته مونږ ايمان لرو چې د انجيل تخم ډير خور كړو.

- هغو خبرى ډيرى كوي. په عام لس كم سل (۹۰) منټ سيشن كښې يو تربيت كونكي ديرش (۳۰) منټ خبرى كولې شى.زده كونكي په تربيت سيشن كښې ډير وخت په عبادت،دعا، شريكولو او عمل باندې تيروي. د مغربي تعليم پس منظر لرونكي بعض د دې تربيت په التا كولو كښې اخته شي

- هغوی په داسې طریقه تربیت کوي چې د منتقل کیدو قابل نه ده.د مریدانو جوړولو تحریک دپاره اهم خبره متنقل کول دي.د دی په نتیجه کښې د ټولو نه اهم خلق چې ته یې تربیت کوی یواځی په کمره کښې نه وي بلکه هغه د مریدانو دریم، څلورم،پنځم نسل وي کوم چې مریدان جوړوي.یو راهنمایي کونکی سوال به دا وي چې :په راراوان نسل کښې به څوک داسې وکړې شي؟:چې بیخی دا نقل اوکړي کوم چې زه کوم او نورو ته یې اورسوي: څه به وشي چې که چرته د عقیده لرونکو څلورم نسل دا مواد شریک،پیش او ښه کړي او خپلو سیشنو ته یې راوړي؟ که چرته هغو ستا تقلید په اسانه کولی شي نو دا د منتقل کیدلو قابل دي او که چرته هغو ته پکښې د بدلولو ضرورت وي نو دا بیا نه منتقل کیدلو والا دې.

۹. زه به څه کوم که چرته زما په :یو پي جي: گروپ کښې څوک عقیده لرونکي نه وي.؟

- ایف جی ټی مواد زده کړه او د هغه کسانو گواهي او مریدی شروی کړه چی ستا په :یو پی جي: کښې دي. ایف جی ټی مونږ ته ډیر ښه تصویر راکوي چې عیسی څوک ده او عیسایانو دپاره څه معنی لری.په جنوب مشرقي ایشیا کښې مونږ اکثر خلق مرید جوړ کړو او بیا د یواځی منجي کیدو سبق ورکوو. ایف جی ټی تا ته دی کولو دپاره یو بغیر خطری طریقه ښای.
- په یو داسی گروپ کښې پیروکار وستایه چې ډیره نزدی رابطه لري او چې معاشي،سیاسي، جغرافیاي او کلتوري یووالی لری د بل هغه گروپ سره کوم ته چې ته رسیدل غواړی.د ایف جی ټي موادو سره تربیت ورکړه او په جوخت گروپ کښې د هغه ملګرو ته رسیدلو دپاره کوشش وکړه.
- سیمینار او انجیل سکولونه ته لاړ شه او خپل :یو پی جي: خلق شناخت کړه
- اکثر خدای مخکښې نه مشران جوړ کړي دي (مونږ ته علم نشته). خپل :یوپی جي: کښې هغه کسان اوښایه چې یو کس مشر لري یا مور یا پلار.ډیرو وختونه کښې دغه لیډر د :یوپی جي: باره کښې ډیر څه لری خو چې څنګه وراسیګو دی باره کښې لږه شان تجربه لري

۱۰ .د نوي مریدانو دپاره هغه کوم وړومبي کارونه دي کله چې هغو نوي مریدان جوړول شروع کړي.

د زده کونکو حوصله افزائ وکړه چې د ساده عبادت هغه طریقه وکړي د کومې چې یې تربیت کړې دی.ګروپ یو ځای تعریف اوکړی او یو ځاې دعا اوکړې.په مطالعه سیکشن کښې هغو یو بل ته د ایف جی تې نه یو سبق، یا د دری سوالونو سره د انجیل قصه اوښودله. په عمل سیشن کښې هغو یو بل ته بیا سبق اوښایي.زده کونکي په سیمینار کښې نهه (۹) ځل د ساده عبادت طریقه اوکړې او دومره اعتماد اولري چې د تلو نه مخکښې د مریدانو یو ګروپ شروع کړي

۱۱.هغه نوری کومې موقعې دې چې تربیت کونکو دا مواد استعمال کړې دي.؟ تربیت کونکو په لاندې طریقو ښه په کامیابۍ سره ایف جی تی استعمال کړې دې.

- سیمینار سیټنګ: په سیمینار سیټنګ کښې د تربیت کولو دپاره ښه تعداد ۲۴-۳۰ پورې دی.سیمینار دوه نیمو نه تر دری ورځو پورې وي او د زده کونکو په علمي حد باندې انحصار کوي.
- هفته وار سیشن: په هفته وار سیشن کښې د تربیت کولو دپاره ښه تعدار ۱۰-۱۲ دې.د ساده عبادت دپاره سیوا وخت دا تربیت ۱۲ هفتو ته رسوي.عام طور باندې دا سیشن د چا کور یا ګرجه کښې وي.بعض تربیت کونکي د دوه هفتو والا ګروپونو مشری کوي چې دوي به بله هفته بیا نور کسان تربیت کولي شي.دی یو طریقه کار د :چرچ لګولو تحریک: ډیر تیز کړې دې.
- اتوار سکول کلاسونه: د اتوار سکول کلاسونو کښې د تربیت کولو ښه تعداد ۸-۱۲ دی.د تربیت دعمل د اوګدوالي په وجه د :مطالعی سشین: په دوه کښې تقسیم کړي او په دوه اتواره کښې شودلي شي.ساده عبادت هر ځل اهم کیدی شي نو ځکه تربیت شل (۲۰) هفتې روان وي.
- سیمیناري یا انجیل کالج کلاسونه: په یوه هفته کښې د ډیر څه ورکولو په وخت کښې تربیت کونکو ایف جی تي استعمال

کړې دی.او یا یې : د عیسی یواځی بنجي عقیدی ورکولو او مریدئ کلاسونو کښې د هفتې په بنیاد استعمال کړې دی.

- کانفرنسونه: د سلو زده کونکو پوری غټ ګروپونه په ایف جی تی بنیادي مریدئ کښې تربیت کولې شی که چرته اضافي کارآموز په ګروپونو او په ډیر نقل وحمل سره د مشر تربیت کونکي مدد اوکړي.
- خطبې: د ایف جی تی پوره کولو نه پس غیر مقلد پادری اکثر خپل چرچ کښې سبق بناې. دا هغه کسانو دپاره دلچسپی او حرکت جوړوي کوم چې د عیسی پیروکارئ دپاره د نورو تربیت کوي. البته ترغیب دا دی چې ایف جی تې مواد اوښودلې شي او خلق دی پری تربیت نه کړی شي. پادریان دی د دی خطری خلاف حفاظت کوي کله چې هغو په خپله خطبه کښې سبقونه استعمالوي. پادریان کښې سبقونه په داسې طور استعمالوي چې تربیت کونکي په دې مضبوط کړي چې په اجتماعي عبادت کښې نور کسان تربیت کړي.
- عیسایي تبلیغي خبری: مبلغین دی مدد کونکو سره شریکوي چې څنګه دوي ملکیان په عملی طریقه تربیت کوي. مدد اکثر دا واې چې هغو په ساده طریقه د عیسی پیروي زده کولو څومره شوق لري او څنګه مبلغین په فیلډ کښې کار کوي.
- راهنمای: د ښودنې په وخت کښې بعض تربیت کونکی د مشرانو راهنماې دپاره د سبق حصې استعمالوي. تربیت کونکي په تربیت کښې هر وخت شروع کولې شي څکه چې ایف جی تې ډیر مقدس (هر حصه بله بیانوي) او دا خبره یقیني کولې شي هغو د عیسی پوره تصویر وړاندې کوی.

۲۱.زه به څه کوم که چرته ان پړه یا نیم چه تعلیم یافته خلق د تربیت سیشن ته راځي؟

آه. د دی مضمون مطابق مونږه قصی شریکولې یو به دا کوي. مونږ ته په تهای لینډ کښې د تربیت یو واقعه یاده ده چې زیات تر د غرنئزوعلاقو په زنانه مشتمل وه. د دوي په کلتور کښې زنانه د لیکلو،لوستلونه منع دي تر سو چې لسو کالو ته رسیدل نه وي. د دی مطلب دا شو چې بعضی د سره زده کړه نه کوي.اکثر به په تربیت کښې زنانه چپ ناستې وی اوریدل به یې او نارینه به زده کړه کوله.

خو البته د ایف جی تی د لاسو طریقی په وجه ټولو زنانؤ دری (۳) ورځو نه بره حصه واغسته. مونږ به د تربیت په وخت یو تربیت کونکي ته وویل چې په زوره ولولي الهامي کتاب (د ټول ګروپ په زوره لوستلو په ځای) او زنانه مو د پنځه (۵) او شپږ (۶) په ګروپونو کښې تقسیم کړل (د جوړو په ځای). په دغه دری ورځو کښې به مو اوښکي رواني شوې چې کله نه کله به زنانؤ اویل :اوس مونږ څه زده کړل دومره چې نورو ته به ورکولی شو:

اپینډکس سي (اضافه سي)

چیک لست

د تربیت نه وړاندی.....

- د دعا ټیم جوړ کړه: د دولس کسانو د دعا ټیم خوښ کړه چې د تربیت دپاره اول او په تربیتي هفته کښې شفاعت (شفارس) اوکړي.دا ډیر اهم دي.
- یو کارآموز خوښ کړه: یو کارآموز خوښ کړه چې تا سره ټیم ښودنه اوکړي. داسي یو کس وي چې مخکښې یې ایف جی ټی کښې بنیادي مشران جوړول کښې شرکت کړې وي.
- شرکت کونکي راوبله: په کلتوري حساس انداز کښې شرکت کونکي راوبله. دی کښې خطونه او دعوت لیږل شامل کیدي شي. د بنیادي مریدان جوړولو دپاره په سیمینار کښې د ټولو نه ښه مقدار د ۲۴-۳۰ زده کونکو دي.که ستا سره د مدد دپاره ډیر کارآموز وي نو ته د سلو (۱۰۰) پوری زده کونکي تربیت کولې شي.هفته وار بنیاد باندې د دری (۳) یا ډیرو زده کونکو ګروپ شکل کښې هم :بنیادي مریدان جوړول: ترسره کیدلې شي.
- نقل و حمل یقیني کول: د زده کونکو دپاره د اوسیدو، خوراک او ټک راټک انتظام وکړه.
- د ملاقات یو ځای محفوظ کړه: د ملاقات د یوې کمری انتظام وکړه چې غاړی ته دوه میزونه وي او په دایره کښې د زده کونکو دپاره کرسئ ایخودې شوي وي. او د تربیت عمل کولو دپاره نور هم ډیر ځای وي.که چټایي ښه وي نو د کرسو په

ځای دغه انتظام وکړې.طریقه به دا وي چې هره ورځ به د چای،قهوی او معمولي خوراک دپاره دوه وقفې وي.

- د تربیت مواد راجمع کړه: انجیل راجمع کړه، بورډ،کاغذ او مارکر، د شاگردانو نوټس، د مشر نوټس،سپین پوسټر کاغذ د هر زده کونکي دپاره د ایکټ ۲۹ نقشه، رنگ دار مارکرې یا رنگدار چاک، کاپیانې (د سکول د طالب علمانو په شان) قلمونه او پینسلې.
- دعبادت وخت انتظام وکړه: د هر یو شرکت کونکي دپاره د گانې شیټ یا د موسیقۍ کتاب استعمال کړې. یو کس په گروپ کښې داسې اوگورې چې گټار وهلې شي او هغه/هغې ته اووایه چې ستا مدد وکړي (که ممکنه وي). د هر سبق سرلیک (عنوان)، د گانې خوښول تجویز کوي.
- د زده کړې سامان جمع کړه: یوه پوقنۍ، د اوبو بوتل او مقابلې انعامونه راجمع کړه.

د تربیت دوران کښې....

- لچکدار اوسه: شیډول ساته خو دومره لچکدار اوسه چې د خدای سره شې په هغه څه کښې چې هغه یې د زده کونکو په ژوند کښې کوي.
- په عمل او احتساب زور ورکړه: دا خبره یقیني کړه چې زده کونکي ستا دښودلو نه پس یو بل ته د ښودلو عمل کوي. د عمل نه غیر نه دوي کښې دا اعتماد نه وي چې نورو له تربیت ورکړي. د تربیت وخت کمولو په ځای دا ښه ده چې سبق مختصر کړې شي. د زیاتولو دپاره عمل او احتساب ډیر ضروري خبرې دي.
- هر کس په مشرۍ کښې راوله: د هر سیشن په اخر کښې جدا جدا کس ته اووایه چې دعا اوکړي. د تربیت په ختمیدو پکار ده چې هر یو کس دعا کښې نزدې شوی وي. د خپل وړوکي گروپ وخت کښې زده کونکي دی په نمبر نمبر مشري وکړي.
- د هر زده کونکي تحفې مضبوطې کړه او اوپیژنه: شرکت کونکي مضبوط کړه چې خپلې ډالۍ د تربیت دوران کښې استعمال کړي.زده کونکي په لسټ کښې کړه چې

سیمینار،موسیقي،مهمان نوازي، دعا، ښودني او مذاق او خدمت کښی خپل صلاحیتونه استعمال کړي.

- دوباره نظریه دوباره نظریه دوباره نظریه: د سیمینار په کتو په دوباره کتو (نظرثانئ) باندې سترګی پټی نه کړی.د سیمینار په اخر کښې، هر زده کونکي پکار ده چې د دی قابل وي چې سوالونه، جوابونه او د لاسو حرکتونه متقل کړی شي.زده کونکو ته ور یاده کړه چې داسې یو بل تربیت کړې څنګه چې هغو تا تربیت کړل.هغو د دی دوباره نظرحصه هر ځل د ملګري سره کوي.
- د تشخیص دپاره تیار شئ: په هر سیشن کښې د تربیت په هغه اړخ نوټس اخله چې کوم باندې زده کونکي نه پوهیږي یا هغه تپوسونه چې هغو ستا نه تپوسلې شي.دغه نوټس به د تشخیص په وخت کښې ستا او ستا د آزموکار مدد اوکړي.
- ساده عبادت وختونه مه نظر انداز کوه: ساده عبادت د تربیت د عمل ضروري حصه ده. د ساده عبادت وخت کښې زده کونکي په اسانه مشري کولې شي نو دوي به اعتماد اوګټي او د تربیت ګروپ نه وروسته شروع کولی شي.

د تربیت نه پس.....

- د خپل ازموکار سره د تربیت هر پهلو تشخیص کړه. د خپل ازموکار سره په دوباره نظر ثانئ او تشخیص وخت واړوه. د ښه او بدو لسټ جوړ کړه.
- د باصلاحیت آزموکارو سره په راروان تربیت کښې مدد دپاره رابطه اوکړه: د دوه دری هغه زده کونکو سره رابطه اوکړه چې چا د تربیت په دوران کښې د مشرئ صلاحیت ښکاره کړې وي.ستا د مدد صلاحیت یې ښودلې وي چې په مستقبل کښې بنیادی مریدان جوړول وکړې شی.
- د تربیت د شرکاو حوصله افزای وکړه چې بل تربیت له ملګري راولي: د تربیت شرکاو حوصله افزای وکړه چې بل تربیت له د ملګري سره راشي. دا یو ښه طریقه ده چې په دې باندی داسی تربیت کونکي زیات کړې شي کوم چې نور تربیت کونکي جوړوي

شیډول

دا کتاب استعمال کړه چې یو دری ورځو والا سیمینار (غونډه) یا د دولس (۱۲) هفتو والا تربیت پروګرام انتظام وکړې.په دوانړو شیډولو کښې هر سیشن یوه نیمه (۵.۱) ګهنټه اخلي. او صفحه ۱۲ باندې :د تربیت کونکو تربیت عمل: استعمالوي.

مریدي روزنې بنسټیز درې ورځې

	ورځ ۱	ورځ ۲	ورځ ۳
8:30	ساده عبادت	ساده عبادت	ساده عبادت
9:00	پخیر راغلي	فرمان برداري کوې	کرونده
10:15	وقفه	وقفه	وقفه
10:30	ضرب	تک	پیروي کوې
12:00	د غرمې ډوډی	د غرمې ډوډی	د غرمې ډوډی
1:00	ساده عبادت	ساده عبادت	ساده عبادت
1:30	محبت	څه	راواخلئ
3:00	وقفه	وقفه	
3:30	دعا	خلقوته اووایے	
5:00	دما ښام ډوډی	دما ښام ډوډی	

مریدي روزنې بنسټیز یو اونیز

اوونی ۱	پخیر راغلي ساده عبادت	اوونی ۷	تک
اوونی ۲	ضرب	اوونی ۸	ساده عبادت
اوونی ۳	محبت	اوونی ۹	څه
اوونی ٤	ساده عبادت	اوونی ۱۰	خلقوته اووایے
اوونی ٥	دعا	اوونی ۱۱	پیروي کوې
اوونی ٦	فرمان برداري کوې	اوونی ۱۲	راواخلئ

نور وسایل

ویب پاڼې

موجوده ترجمې

طالب علمانو کتابونه

www.ingramcontent.com/pod-product-compliance
Lightning Source LLC
Chambersburg PA
CBHW071503040426
42444CB00008B/1470
9781938920240